Theodor von Kolde

Luthers Selbstmord;

eine Geschichtslüge P. Majunkes

Theodor von Kolde

Luthers Selbstmord;
eine Geschichtslüge P. Majunkes

ISBN/EAN: 9783743327719

Hergestellt in Europa, USA, Kanada, Australien, Japan

Cover: Foto ©ninafisch / pixelio.de

Manufactured and distributed by brebook publishing software (www.brebook.com)

Theodor von Kolde

Luthers Selbstmord;

Eine Geschichtslüge P. Majunkes

beleuchtet

von

D. Th. Kolde,
ord. Prof. der hist. Theologie in Erlangen.

Dritte verbesserte und vermehrte Auflage.

Erlangen und Leipzig.

Andr. Deichert'sche Verlagsbuchhandlung Nachf. (G. Böhme).

1890.

Vorwort zur dritten Auflage.

Ueber Erwarten schnell ist eine dritte Auflage nötig geworden. Das läßt die erfreuliche Thatsache erkennen, daß auch die gebildeten Kreise aus ihrer hergebrachten Gleichgültigkeit herauszutreten anfangen. Und es ist in der That hohe Zeit, daß man sich darauf besinnt, daß es sich im Kampfe um die historische Wahrheit um ein hohes, jedermann angehendes Gut handelt und daß es eine thörichte und verderbliche Vornehmthuerei ist, die nur der Korruption in die Hände arbeitet, wenn man den römischen Geschichtslügen gegenüber bemerkt, solche Dinge müßte man unbeachtet lassen, sie seien zu albern, um eine Widerlegung zu verdienen. Das letztere mag in gewissem Sinne wahr sein, aber es handelt sich auch viel weniger darum zu widerlegen, als zu zeigen, was man dem deutschen Volke als historische Wahrheit zu bieten wagt und wie man das fertig bringt. Und soll man solche Dinge unbeachtet lassen, wenn sie sogar in die Schulen eindringen, wenn, wie dies an vielen Orten geschehen, die Protestanten deshalb öffentlich verhöhnt werden, wenn man dem Papste unter deutlichem Hinweis auf Majunke (Vgl. Bamberger Volksblatt 1890 Nr. 24) bereits Gaben opfert und Majunkes Schmähschrift, wie in Bamberg, sogar schon in den Arbeiterkreisen gefunden wird? Da gilt es, öffentlich Protest einzulegen und in aller Ruhe auch die Gemeinden zu belehren, wozu meine Schrift das nötige Material liefern wird. Und dazu soll helfen, wer da kann.

Es mag schlimm sein, daß die Schandlitteratur des 16. u. 17. Jahrhunderts von den Römern wieder ausgegraben wird und man sich ernsthaft damit beschäftigen muß, aber fast nicht minder bedauer=

lich ist die Beobachtung, wie weit es der Terrorismus der Ultramontanen bereits gebracht hat, daß z. B. evangelische Buchhändler in Städten mit vorwiegend römischer Bevölkerung eine gegen einen Führer des Ultramontanismus gerichtete wissenschaftliche Streitschrift zu vertreiben Anstand nehmen, und selbst ein so großes, wie man weiß, sonst so unabhängiges, allseitig geachtetes Blatt wie die freiconservative Schlesische Zeitung ein von der Verlagshandlung eingesandtes Inserat über das Erscheinen meiner Schrift nur dann annehmen wollte, wenn der Name des Herrn Majunke daraus gestrichen würde. Vielleicht werden diese abgenötigten Bemerkungen darüber aufklären, wo wir uns bereits befinden.

Die vorliegende Auflage hat eine Reihe nicht unwesentlicher Erweiterungen erfahren, die teils im Interesse des größeren Leserkreises wünschenswert waren, teils auch durch die von Majunke in der zweiten und dritten Auflage gemachten Zusätze nötig wurden. Anderes konnte ich erst jetzt beifügen, weil mir früher die Litteratur dazu fehlte, so den auf S. 25 beigebrachten Nachweis, daß Majunke es fertig gebracht hat, eine häßliche Auslassung, die ein **bereits 1522 gestorbener Mann** über Hutten gemacht hat, als eine solche hinzustellen, die von dem betreffenden Autor im **Todesjahre Luthers** über diesen gemacht und von der Mehrzahl der Protestanten geglaubt worden sei. Diese Quellenbenutzung kann wohl kaum überboten werden. —

Erlangen, den 4. März 1890.

D. Th. Kolde.

Es ist eine bekannte Thatsache, daß namentlich seit dem Lutherjubiläum der Haß der Ultramontanen Deutschlands gegen Alles, was mit der evangelischen Kirche zusammenhängt, einen Grad erreicht hat, wie kaum jemals zuvor, nicht minder, daß derselbe durch das berühmte päpstliche Breve Saepenumero vom 10. August 1883, in welchem der „Friedenspapst" zum Kampfe gegen die moderne Geschichtsschreibung auffordert und damit diejenige der jungkatholischen Schule unter Janssens Führerschaft sanktioniert, eine neue Richtung bekommen hat. „Man kann heute mehr als je die Behauptung aufstellen", hatte der Papst in Bezug auf die heutige Geschichtsschreibung erklärt [1]), „die Kunst der Geschichtsschreibung sei eine Verschwörung gegen die Wahrheit", und hatte es als hochwichtig bezeichnet, der „dringenden Gefahr um jeden Preis" entgegenzutreten. Das hat einen gewaltigen Eindruck gemacht. In schier unzähligen Schriften, in Prosa und Dichtung, sucht man nunmehr die evangelische Kirche und ihre Geschichte auf angeblich historischem Wege zu bekämpfen, und zwar nach dem Urteile aller Nichtultramontanen gerade in der Weise, die der Papst in jenem Breve den Protestanten vorzuwerfen für passend fand: „Indem die alten Anschuldigungen immer wieder in Umlauf gesetzt werden, schleicht sich die freche Lüge ebenso in dickbändige Compilationen, wie in kleine Broschüren, ebenso in die flüchtigen Blätter der Tagespresse, wie in die verführerischen Darstellungen des Theaters ein. Nur allzu zahlreich sind diejenigen, welche das Andenken der Vergangenheit zur Handlangerin ihrer Schmähungen machen möchten".

Die neueste Leistung [2]) hat Herrn P. Majunke, den streitbaren

---

[1]) Ich citiere nach der Uebersetzung in den „Geschichtslügen. Eine Widerlegung landläufiger Entstellungen ꝛc." Paderborn 1887 Vorwort S. V ff.

[2]) Luthers Lebensende. Eine historische Untersuchung von Paul Majunke. Mainz 1890.

früheren Redakteur der „Germania", jetzigen römischen Pfarrer in Hochkirch bei Groß=Glogau zum Verfasser. Sie soll den Beweis dafür bringen, was er in seiner Geschichte des Kulturkampfs[1] schlechtweg als Thatsache hingestellt hat, „daß Luther durch Selbst= mord, durch Erhängen am Bettstollen geendet", was selbst seine Anhänger ihm auf sein Wort hin nicht glauben wollten. Glücklicherweise läßt er uns auch die inneren Motive zu seiner „hi= storischen" Arbeit erkennen.

„Da man auf protestantischer Seite nicht müde wird, immer von Neuem die gehässigsten Geschichtslügen gegen die Katholiken aus= zugraben, — erst in der jüngsten Zeit sprachen die Anhänger des „Evangelischen Bundes" wieder von den „schlechten Päpsten", vom „römischen Uebermuth", von „römischer Tücke" (des bei den „Thüm= meleien" verübten Unfugs gar nicht zu gedenken) — so mögen in specie den Mitgliedern jenes „Bundes" im Nachfolgenden aus der Geschichte ihrer „Kirche" einige Blätter gewidmet werden, die keine Geschichtslügen, auch keinen Uebermuth und keine Tücke ent= halten, die man aber in der protestantischen Literatur zu entfernen oder zu übertünchen pflegt." (S. 3 f.)

Also die Anhänger des Ev. Bundes haben neuerdings wieder von „römischem Uebermut und römischer Tücke", ja sogar von „schlechten Päpsten" gesprochen! Wer der Frevler gewesen sein mag, weiß ich nicht, wage es aber doch nicht zu bestreiten, wenn ich auch sagen muß, daß im lieben deutschen Reich, in dem man mit den Ultramontanen so schön thut, wo diese ungestört gegen die evange= lische Kirche und ihre Heroen die gemeinsten Dinge drucken und schreiben dürfen, während die Protestanten, wenn sie mit den Worten ihrer Bekenntnisschriften gegen die römischen Greuel sich aussprechen, in Gefahr kommen mit dem Strafrichter in Konflikt zu geraten — daß jemand heutzutage in Deutschland noch den Mut hat, von „schlechten Päpsten" zu sprechen, das ist allerdings so exorbitant, daß einem früheren Germaniaredakteur der Zorn ins Gesicht steigen kann. Flugs muß er sich hinsetzen, nicht etwa um zu erweisen, daß die Päpste immer die reinen Engel gewesen sind, sondern um den Protestanten an einem Beispiel zu zeigen, was sie des weiteren an

---

[1] P. Majunke, Geschichte des Culturkampfes. Wohlfeile Volksaus= gabe. Paderborn 1890 S. 3.

„Repressalien" zu erwarten haben, wenn sie auch fernerhin wagen sollten, eine andere Meinung zu haben als Herr Majunke und die Seinen[1]).

Und jetzt soll es den Protestanten ans Herz gehen. Man soll erfahren, was ein römischer Priester alles vermag — sogar Luther nach 350 Jahren zu selbstmorden, ohne Zweifel ein Meisterstück. Allerdings ist dasselbe nicht einmal neu, und Majunke hat nicht einmal das Verdienst, die herrliche Geschichtslüge zuerst ausgegraben zu haben.

Bereits der Feuilletonist der Germania, Herr Gottlieb, wußte in seinen Hamburger Briefen[2]) davon zu erzählen, noch mehr die Duisburger Volkszeitung, mit welcher schon Pastor Terlinden deshalb im Streite gelegen[3]). Das Neue ist nur dies, daß, während die bisherige „Polemik zu keinem sicheren Ergebnis führen konnte, weil man auf beiden streitenden Theilen die einschlägigen Quellen nicht aufzufinden vermochte", Dr. Majunke diese Quellen nun zu Tage fördert. So berichtet der Prospekt des Verlegers vom 21. Dez., der mich in einige Spannung versetzte. Denn obwohl ich mir einbilde, von den Quellen zur Geschichte Luthers und der Reformation Einiges zu kennen, war mir doch bisher zwar manche römische Schmähung späterer Zeit, aber niemals etwas, was wie eine „Quelle" aussah, vorgekommen, woran etwa der ja längst be-

---

1) Vgl. die fürchterliche Drohung S. 37: „Wir halten es an der Zeit, unsern unruhigen Gegnern zu eröffnen, daß, wenn sie ihr confessionelles Gehetze gegen den katholischen Glauben und gegen die kirchenpolitischen Rechte, welche sich die Katholiken nach den schwersten Opfern endlich wieder zurückerobert haben, nicht einstellen, man leicht versucht sein könnte, einmal Repressalien zu üben, und dem staunenden Volke ein ganz naturgetreues Lutherbild vor Augen zu führen, wie es von katholischer Seite infolge von — vielleicht übertriebener — Rücksichtsnahme auf protestantische Zeitgenossen seit 200 Jahren nicht mehr geboten worden ist."

2) Gottlieb, Hamburger Briefe. Berlin 1883 S. 362 ff. Der Verfasser setzt aber hinzu, was Majunke bei seinem Citat in der Geschichte des Kulturkampfes S. 3 seinen Lesern verheimlicht: „Was mich betrifft, so lege ich auf diese Erzählung kein Gewicht."

3) Vgl. die treffliche kleine Schrift, H. Terlinden, Luthers Tod. Ein Schutz= und Trutzwort wider seine Verläster. Fünfte Aufl. Duisburg 1887.

kannte lebhafte Wunsch der Römlinge, Luther auf eine schmähliche Weise sterben zu sehen, hätte anknüpfen können. Ich erwartete deshalb eine gewaltige Rabulisterei und die kleinen Fechterkünste, die ich in meiner Beurteilung Janssens zur Genüge charakterisiert habe [1]). Aber nichts von alledem. Diese „historische Untersuchung" enthält die bodenloseste Beweisführung, die man sich denken kann, und hätte der Verfasser nicht selber verraten, daß er die Absicht hat, damit die noch immer nicht mundtot gemachte evangelische Wahrheit zum Schweigen zu bringen, so wäre sie nicht zu begreifen. Käme seine Schrift in der That nur in „wissenschaftliche Kreise", für die sie bestimmt sein soll, so wäre es wirklich nicht nötig, sich mit ihr zu beschäftigen. Sie würde sehr bald den Weg des meisten Papieres gehen. Indessen soll Herr Majunke doch nicht glauben, daß wir uns vor seinen Drohungen fürchten; und wie widerwärtig es auch sein mag, seine Zeit mit solchen Dingen vergeuden zu müssen, scheint es in diesem Falle doch nicht richtig, zu schweigen. Denn der frühere Germaniaredakteur wird dafür gesorgt haben, daß die Resultate seiner Quellenforschungen, die er schon früher, als er die „Quellen" noch nicht kannte, als positive Wahrheit verkündete, durch die gutgeschulte Kaplanpresse die nötige Verbreitung finden, und auch manches andere Blatt, welches Freude am Schmutz und Klatsch hat, wird sich das saubere Anekdötchen von Luthers Erhängen nicht entgehen lassen. Zuletzt müssen auch die evangelischen Blätter davon Notiz nehmen. Und nicht alle sind in der Lage, das wirkliche Quellenmaterial zu übersehen. Worauf aber diese Art Geschichtsschreibung spekuliert, das sind die kleinen Geister, die mehr an der Person als an der Sache zu hängen pflegen. Weil man der Sache nicht beikommen kann, versucht man die Person verächtlich zu machen, um damit die Ehrfurcht vor der Sache, die sie vertreten, aus dem Herzen zu reißen. Und da es noch immer gutmütige Leute giebt, die sich nicht denken können, daß man zur größeren Ehre der römischen Kirche einfach etwas erlügen kann, wird man die Frage aufwerfen, was eigentlich daran wahr ist, oder wird wenigstens wissen wollen, wie es möglich war, so etwas zu schreiben. Was an der Sache wahr ist, kann ich allerdings nicht angeben, denn daran

---

1) Vgl. Theolog. Literaturzeitung 1882 Nr. 22 u. 23.

ist nichts wahr, aber, wie man imstande gewesen ist, so etwas zu behaupten, und wie man es behauptet hat, wie Herr Majunke Luther zum Selbstmörder gemacht hat, das soll, wie wenig es auch meiner Neigung entspricht, in eine derartige Polemik einzutreten, gründlich beleuchtet werden, und Herr Majunke soll sich nicht darüber beklagen dürfen, daß seine Blätter „übertüncht" würden, — worauf es solchen Gegnern gegenüber ankommt, ist, ihre Kampfesweise zu möglichst allgemeiner Kenntnis zu bringen, und das soll geschehen.

Daß es mir gelingen könnte, den Verf. selbst zur Anerkenntnis der Wahrheit zu bringen, wage ich allerdings nicht zu hoffen, denn wer in seinem Haß gegen Luther und die evangelische Kirche so weit gekommen ist, daß er sogar, um Luther die Ehre abzuschneiden, zu Quellenfälschungen schreitet, für den existiert die geschichtliche Wahrheit nicht. Ich bin mir bewußt, damit eine schwere Anklage zu erheben, aber ich werde sie erweisen, und dieser Punkt soll erst erledigt werden, ehe wir der Hauptfrage näher treten.

Wie weiter unten noch näher besprochen werden wird, hat M. das lebhafte Interesse, eine bereits ein Jahr vor Luthers Tode zuerst in Italien erschienene Schrift, die Luther vom Teufel geholt werden läßt, für untergeschoben zu erklären, ja steht nicht an, Luther selbst als den Autor zu bezeichnen. Um dies glaublich zu machen, wird S. 24 darauf hingewiesen, „daß der Reformator oft nach dem Grundsatz handelte, daß der Zweck die Mittel heilige" und „insbesondere der Meinung war, ad Papatum decipiendum omnia licere" [1]).

---

[1]) „Zur Täuschung des Papsttums sei Alles erlaubt." So schrieb Herr Majunke in der 1. Aufl. Dagegen hat er, wahrscheinlich durch einen wohlwollenden Freund gewarnt, das lat. Citat in der 2. Aufl. S. 26 stillschweigend gestrichen und schreibt statt dessen, „der von Intriguen durch und durch zusammengesetzt war." Dadurch wird natürlich die in der ersten Auflage vorgenommene Fälschung, die einstweilen ihre guten Früchte getragen haben wird, nicht aus der Welt geschafft, und konnte ich nur dann daran denken, den auf diese ganze Sache bezüglichen Abschnitt meiner Schrift in der vorliegenden Ausgabe fortzulassen, wenn Majunkes Wahrheitsliebe ihn veranlaßt hätte, sein Unrecht einzugestehen, oder wenigstens eine annehmbare Entschuldigung vorzubringen. Statt dessen macht er die Sache fast noch schlimmer, denn den Satz, „daß der Reformator oft nach dem

Um nicht sofort entdeckt zu werden, unterläßt es der Autor, den Fundort dieser Stelle seinen Lesern mitzuteilen. Bei dem Vielen, was Luther geschrieben, kann man lange suchen, bis man eine einzelne Stelle findet, und unterdessen ist die Behauptung als erschreckliche Wahrheit ins ganze Land getragen. Glücklicherweise werden wenigstens die Lutherforscher die Stelle kennen, die Jener im Auge hat, und die ultramontanen Historiker haben selbst dafür gesorgt, daß wir sie ja nicht vergessen. Majunke kann, das muß als bewiesen gelten, bis er eine andere Stelle nachgewiesen hat, nur eine Stelle aus dem Briefe Luthers an Joh. Lang in Erfurt vom 18. Aug. 1520 gemeint haben. Joh. Lang scheint dem Freunde gegenüber Bedenken wegen des scharfen Tones in der Schrift „an den Adel deutscher Nation" geäußert zu haben. Und Luther erkennt die Schärfe seiner Schrift und das Ungestüm seines Vorgehens an und fährt dann weiter unten fort: Nos hic persuasi sumus papatum esse veri et germani illius Antichristi sedem, in cuius deceptionem et nequitiam ob salutem animarum nobis omnia licere arbitramur[1]). Das ist natürlich, wie jeder Tertianer weiß, zu übersetzen: „Wir sind hier der Ueberzeugung, daß das Papstum der Sitz jenes wahren und echten Antichrists ist, gegen dessen Täuscherei und Nichtswürdigkeit uns um des Heiles der Seelen willen, wie wir glauben, alles erlaubt ist (nämlich was diese Nichtswürdigkeit ans Licht bringen kann, wäre es selbst ein so scharfes Schreiben wie Luthers Buch).

Diese Stelle hat in den letzten Jahren eine Geschichte bekommen[2]). Janssen (deutsche Geschichte II, 107) übersetzte: „Wir halten dafür, daß uns zur Hintergehung und zum Verderben desselben, um des Heiles der Seelen willen Alles erlaubt ist." Das war zwar, wenn nichts Anderes, ein etwas starker Schnitzer für einen Frankfurter Gymnasialprofessor, aber bisweilen schläft auch

---

Grundsatz handelte, daß der Zweck die Mittel heilige", läßt er stehen, obwohl er jenes Citat, was doch wohl dazu dienen sollte, jenen Satz einigermaßen glaublich erscheinen zu lassen, aufgeben mußte.

1) De Wette, Luthers Briefe I, 478. Enders, Lutherhs Briefwechsel II, 461.
2) Vgl. W. Walther, Luther im neuesten röm. Gericht. II. Heft. Halle 1886 S. 2 ff.

der gute Homer, und was Janssen sich erlaubt hatte, durften sich die kleinen Geister und Pamphletisten natürlich erst recht erlauben. So nahmen denn der Konvertit Evers, der Verfasser der Hamburger Briefe, Gottlieb, der römische Lutherbiograph Hermann, der Domkapitular Röhm in Passau u. a. ohne Weiteres diese Uebersetzung auf [1]). Evers hatte wenigstens den Mut, auf Vorhalten sein „Versehen" anzuerkennen. Nicht so der Passauer Domherr, der sich fortwährend über den Ton der protestantischen Polemik beschwert und es trefflich versteht, die entrüstete Unschuld zu spielen, während er in seinen aus Citaten, namentlich Zeitungsausschnitten zusammengesetzten Schriften Schmähungen über Schmähungen gegen die evangelische Kirche häuft [2]) und es auch an Denunziationen nicht fehlen läßt [3]). Er will die Frage, „welche Uebersetzung die richtige sei, vor den unparteiischen Richterstuhl der Philologen bringen und dessen Entscheidung geduldig abwarten" [4]). Man muß sich wundern, daß er und seinesgleichen, die doch sonst Alles katholisieren, noch nicht auf den glücklichen Einfall gekommen sind, eine unfehlbare specifisch

---

1) Vgl. ebendaselbst.

2) Vgl. Röhm, Grobe Unwahrheiten von und über Luther besprochen. Hildesheim 1884. Confessionelle Lehrgegensätze. 1883—86 und neuerdings: Zur Charakteristik der protest. Polemik. Hildesheim 1889. Vgl. bes. S. 49. Was es mit dem abgeleugneten, S. 61 als „Kalauer" bezeichneten Satz Tetzels: Sobald das Geld im Kasten klingt 2c. für eine Bewandtniß hat, hat kürzlich Kawerau in Freundschaftl. Streitschriften Nr. 20 nachgewiesen.

3) Folgende freundliche gegen drei schon verstorbene Mitglieder der Erlanger theologischen Fakultät (die einen Artikel mit Bemerkungen über das Dogma vom 8. Dez. 1854 in die Zeitschrift für „Protestantismus und Kirche" 1855. 30, 222 f. aufgenommen hatten) gerichtete, freilich etwas verspätete Denunziation dürfte ein weitergehendes Interesse verdienen: „die citierten Sätze finden sich in der „Zeitschrift für Protestantismus und Kirche" herausgegeben von Thomasius, Hofmann und H. Schmid, Professoren der Theologie zu Erlangen. Der einfachste Anstand, die Rücksicht auf den Großmeister des Georgi-Ritterorden, dem sie ihr Amt verdanken, hätte die genannten Theologen abhalten sollen, jenen ebenso albernen als rohen Artikel in ihr Organ aufzunehmen, in welchem sich solche Sätze finden." Röhm, Conf. Lehrgegensätze III, 1886 S. 668.

4) Confessionelle Lehrgegensätze I. 1883 S. I (am Ende des Bandes).

katholische Grammatik der lateinischen Sprache herauszugeben, mit Regeln, wie lateinisch Geschriebenes zum Besten der römischen Kirche und zum Schaden des Protestantismus ausgelegt werden kann. Janssen hat zwar in den späteren Auflagen jene Uebersetzung nicht wiederholt, aber der Wahrheit nicht die Ehre gegeben, sondern unter Auslassung der Worte deceptionem et nequitiam die neue Ueber= setzung in eine Form gekleidet, mit der er den früheren Sinn ver= binden kann. Mit Anerkennung der richtigen Uebersetzung würde freilich ein Paradestück in der Polemik gegen Luther fortfallen. Da ist denn Herr Majunke doch viel konsequenter[1]). Luther muß sich in jesuitischer Weise ausgelassen haben, und da mit einer falschen Uebersetzung nichts mehr zu machen ist, wird gleich das Original gefälscht. Luther schreibt, wie ich wiederhole: in cuius (sc. papatus) deceptionem et nequitiam omnia licere. Herr Majunke berichtet seinen Lesern als Luthers Meinung — und viel= leicht wird er so kühn sein, sich darauf hinausreden zu wollen, daß er nur von Luthers „Meinung" und nicht von Luthers „Worten" spreche — ad Papatum decipiendum omnia licere. So etwas war bisher in Deutschland nicht üblich. Sollte man auf dem collegium germanicum, wo sich Majunke seinen Doktorhut geholt hat, derartiges lehren? Jedenfalls darf man gespannt sein, ob der Papst auch diese Leistung, wie die berüchtigten „Geschichts= lügen", an denen Majunke einen hervorragenden Anteil haben soll, mit seinem Segen begleiten wird[2]).

---

1) Oder hat er etwa von den Verhandlungen über die Stelle nichts gewußt, ist ihm etwa nur ein lapsus calami passiert? Das ist leider nicht anzunehmen, da er S. 27 Köstlins Schrift gegen Janssen citiert, wo die Sache S. 17 behandelt wird.

2) Aus der Vorrede zur vierten Aufl.: „Eine ganz besondere Freude und Ehre ist es für uns, daß der heil. Vater Leo XIII. sowohl schriftlich wie mündlich in sehr anerkennender Weise über unser Buch sich ge= äußert und die Gnade gehabt hat, den drei Autoren den apostolischen Segen zu ertheilen und auch die gegenwärtige vierte Auflage mit seinem Segen zu geleiten."

Und nun zu Luthers Lebensende!

Es soll uns eine neue Quelle über Luthers Tod geboten werden, und zwar eine solche, die alles bisher Ueberlieferte als Unwahrheit und Trug, ja als bewußte Täuschung darstellen soll. Demnach wird es sich zunächst darum handeln, die **Glaubwürdigkeit dessen zu prüfen, was bisher als Quelle galt**, und darunter versteht man doch wohl, ganz allgemein ausgedrückt, Nachrichten von Augen- oder Ohrenzeugen, oder in Ermangelung derselben von solchen Berichterstattern, die den von ihnen erzählten Dingen zeitlich möglichst nahe stehen und nach dem, was wir über ihre Persönlichkeit und ihre Verhältnisse wissen, voraussetzen lassen, daß sie in der Lage waren, authentische Kunde zu haben, und auch die Absicht hatten, das von ihnen Mitgeteilte nach bestem Wissen und Gewissen zu überliefern.

Alle bisher als Quelle behandelten Nachrichten, die fast sämtlich von Augenzeugen herrühren, stimmen nun zunächst darin überein, daß Luther, wie mehrfach während seines Eislebener Aufenthalts, so besonders am Tage vor seinem Tode sich unwohl gefühlt, abends aber noch heiter und fröhlich gewesen sei. Gegen 8 Uhr sei er dann von schwerer Beängstigung befallen worden, die sich wenige Stunden später in stärkerem Maße wiederholte, worauf er unter Gebeten im Beisein der Seinen morgens den 18. Februar zwischen 2 und 3 Uhr entschlafen sei.

Der erste Bericht, den wir darüber besitzen, ist ein ziemlich ausführlicher Brief des Justus Jonas vom 18. Februar an den Kurfürsten, der kaum anderthalb Stunden nach dem Ableben Luthers „vier hore frue" an den Kurfürsten abging.[1]) Demnach sind folgende Personen bei seinem Tode gewesen, der Hofprediger Michael Coelius, Justus Jonas selbst, Luthers beide jüngere Söhne Paul und Martin, sein von Wittenberg mitgebrachter Diener Ambrosius, sein Hauswirt, der Stadtschreiber Hans Albrecht, dann die etwa um Mitternacht geholten beiden Ärzte der Stadt, „bede erzt in der stat doctor vnd magister," ferner der Graf Albrecht von Mansfeld und seine Gemahlin, die „aqua vite vnd des doctors erzney vnd alles versucht",[2]) und endlich der Graf von Schwarzburg, zum mindesten also zehn Personen.

---

1) Bei Kawerau Briefwechsel des Justus Jonas II, 177 ff.
2) Von derselben heißt es in einem Briefe des Eislebener Ratsherrn

Zugleich mit diesem Berichte gingen zwei Briefchen¹) des Grafen Albrecht von Mansfeld und des Fürsten Wolfgang zu Anhalt an den Kurfürsten Joh. Friedrich ab, in denen sie nur kurz von Luthers Abscheiden berichteten, im übrigen aber auf den Bericht des Jonas

Joh. Friedrich an Joh. Agricola: Nec dici potest, quam matronali luctu prae ceteris inprimis D. Alberti coniunx huic funeri praesto fuit, quae et in agone cum praestantissimis remediis, medicamentis et refrigeriis adfuit, sed frustra. Bei Kawerau, Fünf Briefe aus den Tagen des Todes Luthers. Theol. Stud. u. Kritik. 1881. S. 166.

1) Gedruckt in modernem Deutsch bei Förstemann, Denkmale dem Dr. M. Luther errichtet, Nordhausen 1846 S. 18 und bei Krumhaar, Grafschaft Mansfeld, Eisl. 1855. S. 278. Hier zum ersten Male nach dem Original im Sächs. Ernestin. Gesamtarchiv, Weimar, Reg. N. pag. 111. No. 44. 1: Genedister her! Mytt betrawbten hertzen geb eur kurf. gn. ich under= thenigk zu erkennen, daß der almechtigk doctor Leuter von dissem jammer tal hynnt jn bisser nacht ungeferlich fast umb drey oren jn gott vor= scheyden jst. (Jn der Eile verschrieben für „abgerufen hat"). Der al= mechtigk sey unß allen genedigk und kan jezt jch nit meher schreyben. am 18. Febrnarii jm 46. Albrecht grave zw Mansfelt. — Der Brief des Fürsten Wolfgang auch bei Förstemann a. a. O. S. 17. Das Wichtigste daraus bei Seckendorf III, 646. Hier nach dem Originale im Sächs.= Ernestin. Gesamtarchiv, Weimar, Reg. N. pag. 111. No. 44. 1.: Genad und Frid durch Kristum Jesum sampt erbitung meins willigen dinstes zw vorn hochgeborner Furst genediger her, ich wyl e. g. dinstlicher meynung nicht bergen, doch mit betruptem gemut, das doctor Martinus iczunt zcwischen ij und iij frue seliklich yn beysein doctor Jonas und sonst eczlicher perschon gancz sanft yn got vorschiden, der her wol der selen wy ich dan nicht zcweiffel genedigk sein und der barmherczige got wol uns armen Kristen und Kristenheit yn sein fetterliche gutte durch Kristum Jesum be= foln sein lassen ich kan e. g. yn eyl iczt nicht weitter schreiben aber doctor Jonas wirt e. g. weitter vormelden und anczeigen hyr myt thun ich mich e. g. dinstlich befeln yn ganczer eyle. Datum dornstags umb 4 ore frue nach Falentiny anno 46. W. f. z. A.

Und wy wol sich der doctor gester frue etwas gen myr der schwach= heit halber geklaget, so ist er doch nechten noch gancz gutter dinge gewest got helf ym und uns allen Amen.

Man hat vyl fleis bey ym gethan da ist aber kein menczlich hulf ge= west beßundern der wille des hern ist bey ym ergangen und ganz sanft mit gutten spruchen entschlaffen yn got der hilf uns myt gnaden hyrnach amen ꝛc.

verwiesen, da sie in ihrem Schmerz und der nötigen Eile wegen nicht mehr schreiben könnten.

Die chronologisch nächste Nachricht ist viertens ein ebenfalls unmittelbar nach dem Tode am 18. Februar von Joh. Aurifaber an Michael Gutt in Halle geschriebener Brief.[1)]
„Eylents, Eylents zu eigen handen.

Ach wie ist mirs so hertzlich leidt, das ich Euch mit betrubten hertzen sol den grosjen vnshal zu erkennen geben. das leider gott geklagt, der Ehrwirdigk herr doctor Martinus Luther alhier zu Eissleben heutt zwischen 2 vnd 3 in gott Christlichen verschieden, nachdem ehr gestern abents gesse, getruncke, sehr frohlich gewesen, aber nach essens In die krankheit der Maasz angestoszen, vnd als ihm heutt yhn der nacht vmb eins widder ankham, versuchten wir an ihm alle menschliche hulffe, aber gott hatt In also gnediglichen von diesem Jamerthal nemen wollen, darbey ist furst Wolff von anhaldt, Graff Albrecht von mansfeldt, philips vnd hans Jorg, graff vnd volrath, graff heinrich von schwarzburgk, graff albrechts gemahl, des von schwarzburgks gemahl Doctor Ludwig vnd Magister Simon Wilde. der her doctor Jonas. herr Michel Celius vnd viel von Adel gewesen. ist christlich vnd wohl verschieden. des selen gerugen vnd vns allen gott der almechtig gnedig vnd barmhertzigk sein wol. Ehr ist ein kindt der ewigen seligkeit, wie ich euch gegenwertigk sagen will. den 18. February anno 1546. E. W. Johannes Aurifaber.
(Am Rande). Ach das Gott erbarm Im hohen himel, das ich so ein traurig Bottschaft euch anzeigen sol."

Hiernach kommen zu den bereits aus Jonas Brief schon bekannten Augenzeugen von Luthers Tod der Briefschreiber selbst, Joh. Aurifaber, die drei Grafen **Philipp, Hans Georg** und **Volrath von Mansfeld**, der **Fürst Wolf von Anhalt**, die **Gemahlin des Grafen Heinrich von Schwarzburg**, und außerdem erfahren wir, daß die beiden Ärzte Doktor Ludwig und Magister Simon Wilde waren. **Das sind bereits 16 Personen.**

Der fünfte Brief, der von Luthers Tode noch an demselben Tage berichtet, ist von dem in dem vorigen Briefe als Augenzeugen genannten Grafen **Hans Georg von Mansfeld** an den Herzog

---

1) Bei Th. Kolde, Analecta Lutherana S. 427.

Moritz von Sachsen geschrieben. Es heißt darin nach Mitteilungen über Luthers fruchtbare Thätigkeit bei den Ausgleichsverhandlungen zwischen ihm und seinen Brüdern: „Als ime aber bise negst vergangne nacht plötzlichen durch schickung des Allmechtigen ein krangkheit zugefallen das es inen vmb die bruft heftig getrugket, ist er biselbige nacht vmb zwo vhr christlich, seliglich vnd wol verschieben vnd hat also sein leben beschlossen".[1]

Hieran schließt sich ein sechster noch am Todestage Luthers geschriebener Brief des Eislebener Ratsherrn Joh. Friedrich an seinen Onkel, den bekannten Joh. Agricola, damals in Berlin.[2] Derselbe war nicht beim Tode persönlich zugegen[3] und erzählt nur, was er von der nächsten Umgebung Luthers gehört; seine Mitteilungen sind aber insofern wertvoll, als er zuerst über die Meinung der Aerzte, was als Todesursache anzunehmen sei, berichtet. Demnach wäre er an einem Schlagflusse, der sich aufs Herz geworfen, gestorben, was man damit in Verbindung brachte, daß die langjährige Schenkelwunde (die man künstlich offen zu erhalten suchte), geheilt war.[4] Und an Vorboten hatte es nicht gefehlt. Noch ehe er Eisleben betrat, war er kurz vor der Stadt von einer schwe-

1) Kawerau, Briefwechsel des Justus Jonas. II, 180.
2) Kawerau, fünf Briefe aus den Tagen des Todes Luthers in Theol. Stud. u. Kritiken. 1881. S. 161.
3) Ebenda S. 163. Tandem cum in agone esset: „Allmechtiger Gott und Vater unseres lieben Herrn Jesu Christi, den Ich gelehret vnd bekennet, den der Pabst vnd die weldt verfolget, lestert vnd schendt, Erbarme dich meiner, vnd nim mein Seehelichen in deine Hende. Ultimo. Wolan Ich fare, Gott segene euch Alle rc. Ita expiravit. Et referunt omnes qui adfuerunt, Luther sei nicht gestorben Sondern also lebendig auß diesem Leben in jennes Leben gangen. Extinctus sub horam tertiam mane.
4) So verstehe ich den Satz: Medici fluxum capitis, qui ad praecordia defluxerat, morbi causam praebuisse autnmant, quoniam fluxus, quam altero pede habuerat, evanuerat. Luther war deshalb selbst in Sorge gewesen. Am 14. Februar bittet er in einem Briefe, in dem er seine baldige Rückkehr ankündigt, Melanchthon möge ihm einen Boten entgegenschicken, qui afferat modiculum corrosivae istius, qua crus meum aperiri solet. Nam paene totnm sanatum est quod Wittenbergae apertum est vulnus, quod quam sit periculosum, nosti. De Wette V, 791.

ren Ohnmacht überfallen worden. Er schob es auf sein Alter, „jetzt bin ich wieder wohl" schrieb er an Melanchthon, „aber wie lange, weiß ich nicht, denn dem Greisenalter ist nicht zu trauen." Man wußte, daß man einen kranken und schwachen Mann in die Stadt brachte [1]), weshalb der Kurfürst nicht mit Unrecht in dem Briefe an den Grafen Albrecht von Mansfeld, in welchem er die Ueberführung der Leiche nach Wittenberg erbittet, sagt, daß Luther „als ein alter abgearbeiteter Mann" besser mit jener Reise nach Mansfeld verschont geblieben wäre [2]).

Am 20. Februar hielt dann M. Coelius die erste Leichenrede über Luther. Sie enthält auch die Sterbensgeschichte Luthers und wird als bei seinem Ende gegenwärtig darin neben den übrigen noch die Frau seines Wirtes Albrecht erwähnt. [3]) Dazu kommt dann endlich die auf Erfordern des Kurfürsten von Justus Jonas und Michael Coelius zusammengestellte „Historie" oder „Bericht vom christlichen Abschied Luthers," [4]) welche Luthers letzte Lebenstage von seiner Abreise von Wittenberg bis zu seiner Beisetzung in schlichten, einfachen Worten erzählt. Daraus erfahren wir u. a., daß bei dem ersten Anfall Luthers am Abend mit seinem Herren, dem Grafen Albrecht, auch noch einer seiner Räte, Conrad von Wolframsdorf, bei dem kranken Luther war und ihm Arznei eingab, und daß wie begreiflich gegen Morgen, als die Todesnachricht bekannter wurde, eine Menge Leute seine Leiche besichtigte.

---

1) Cum ad portam iam verae (?) nostrae urbis accesserat Lutherus, subito gravi Syncope laborare coepit. Et nisi ubi propinquiores fuissent, quae vinum et alia ad reficiendum idonea praebuerat, periculum tum de vita fuisset. Egrotum igitur et languentem Lutherum Islebiam produxerant. Bei Kawerau fünf Briefe. S. 165. Vgl. dazu Luthers Bericht an Melanchthon vom 1. Februar: In itinere me apprehendit et sincope mea et ille morbus, quem tu tremorem ventriculi vocare soles: ibam enim pedester, sed supra vires, ita ut sudarem; postea sudore et camisia frigidata in curru, offendit frigus musculum sinistri brachii. Hinc illa compressio cordis et quasi suffocatio spiritus, culpa est senectutis meae etc. De Wette V, 782.

2) Walch. XXI, S. 297.
3) Walch. XXI, S. 315.
4) Ebenda, S. 279 ff.

Sieht man auch von den sekundären Quellen[1]) ab, so wird man sagen dürfen, daß wir über wenige Ereignisse so viele und von so vielen glaubwürdigen Personen bezeugte Berichte haben, als über die Einzelnheiten von Luthers frommen Abscheiden.

Aber was macht Herr Majunke daraus? Die sämtlichen von mir aufgezählten Briefe, die uns über Luthers Tod berichten, werden unterschlagen.

Unter ausdrücklichem Hinweis auf Köstlin,[2]) der in seiner Lutherbiographie jene erwähnten Berichte nicht nur verarbeitet, sondern deutlich citiert, was dem gewissenhaften Historiker doch nicht entgangen sein kann, hat er die Stirn zu behaupten, daß die zuletzt erwähnte „Historie" sämtlichen protestantischen Lutherbiographen bis auf den heutigen Tag als einzige Geschichtsquelle über Luthers Tod gedient hat. Und diese Quelle, die, wie Köstlin mit Recht bemerkt, bisher in ihrer Glaubwürdigkeit noch nicht in Zweifel gezogen ist, wenigstens nicht von solchen, die etwas von Quellenkritik und Geschichte verstehen, und jedem Historiker genügen würde, ist nach Majunke keine Geschichtsquelle, sondern eine Fiktion.

„Der „„wahre Hergang"" zunächst sollte," so schreibt dieser Historiker, „der gewesen sein, daß Luther unter lauten Gebeten und Bibelsprüchen seine letzten Augenblicke zugebracht hat. Wiederholt soll er Psalmenstellen recitiert und namentlich die Worte gesagt haben: „In manus tuas commendo spiritum meum, redemisti etc."

„Zuletzt hätten Doctor Jonas und der Redner Coelius ihn noch einmal mit eindringlicher Stimme gefragt: „Reverende Pater, wollet Ihr auf Euren Herrn Jesum sterben und die Lehre, so Ihr in seinem Namen gethan, bekennen?" — worauf der Sterbende deutlich geantwortet: „Ja!" „Hierauf fing er an, eine halbe Viertelstunde zu schlafen; dann that er einen tiefen Odem holen und hiemit gab er sanft und in aller Stille mit großer Geduld seinen Geist auf."

„Daß die Herren vom sterbenden Luther noch eine halbe

---

1) Vgl. Kawerau, Briefwechsel des Justus Jonas II, 151 ff.
2) Natürlich unter den üblichen, bei den Ultramontanen gegenüber einem Hallenser Theologen beinah selbstverständlichen Schmähungen.

Viertelstunde vor dem Tode das Jawort erhalten haben, wäre allerdings für sie und ihre „„Lehre"", ein sehr günstiges Geschick gewesen", schreibt Majunke — aber wir haben es hier nach ihm mit einem von Jonas, Coelius und Aurifaber **verabredeten Bericht zu thun**. Er war „veranlaßt durch verschiedene Gerüchte, welche sogleich nach Luthers Tode über die Art und Weise seines Todes in der Stadt Eisleben circulirten", denn Coelius klagt in seiner Leichenrede vom 20. Februar, daß Leute sich finden, „die durch den bösen Geist getrieben, ausgebracht haben, als habe man ihn **todt im Bette gefunden**" und er vermutet, daß der Satan noch schlimmere Lügen erdenken wird, und verweist auf die demnächst zu veröffentlichende Historie. Nun vermißt freilich Majunke in der einfachen Historie, die, was der Historiker in der von ihm — nicht beachteten Quelle leider nicht gelesen hat, auf **Veranlassung des Kurfürsten geschrieben wurde**,[1]) jeden Hinweis auf diese Gerüchte, den man doch erwarten durfte, wenn sie speciell zu ihrer Unterdrückung geschrieben worden ist. Aber Majunke weiß Rat: Coelius hat wohl anfangs diese Absicht gehabt, aber, belehrt uns der scharfsinnige Quellenkritiker, „er ist sehr unklug gewesen, wenn er glauben konnte, daß er mit seinem Gepoltere dem Teufel und den „„Seinen ihren lügenhaftigen Rachen stillen"" würde. Er hat auf diese Weise erst recht den Verdacht erweckt und für **seine** Erzählung ungläubige Ohren geschaffen[2]). Er scheint auch diese seine Unvorsichtigkeit bald bereut zu haben, denn in der „„Historie"", die er im Verein mit dem schlaueren Jonas und dem gewandteren Aurifaber unterzeichnet hatte, findet sich nicht die geringste Andeutung von jenen Gerüchten." Allerdings sehr schlau von Coelius, und schließlich muß der arme Mann, der in der Predigt so offen von jenen schlimmen Gerüchten gesprochen hat, sich noch schelten lassen, daß er sie „todtgeschwiegen" habe.

Hiermit ist für Majunke die Frage nach der Authenticität der Historie und damit der Glaubwürdigkeit der bisherigen Ueberlieferung von Luthers Tode erledigt, sie könnte es nach **dieser**

---

1) Kamerau, Jonasbr. II, 186. 187. Sie sollte am 15 od. 16. März erscheinen.
2) So S. 10. Auf S. 7 heißt es dagegen: ‚Mit dieser „Historia" hatten die Verfasser auch wirklich einen guten Griff gethan'.

Quellenkritik und der früher erwähnten Wolke von Zeugen für ihren Inhalt wohl auch für uns sein.

Aber wir wollen noch ein Uebriges thun. Von einem römischen Priester von heute kann man wohl nicht mehr verlangen, daß er Berichten Glauben schenke, die lediglich auf den Aussagen von Protestanten beruhen, und wären sie auch die ehrenwertesten Leute von der Welt. Glücklicherweise haben wir aber auch noch einen sehr ausführlichen, offenbar gleichzeitigen Bericht über Luthers Eis= lebener Aufenthalt und seinen Tod von einem Mansfelder Bürger und Katholiken, der den späteren Auflagen[1]) der Lebens= geschichte Luthers von seinem römischen Gegner Cochleus als An= hang beigegeben ist. Daß der Verfasser ein Katholik war, wird Maj. nicht leugnen können. Er offenbart sich als solchen durch einige von Majunke mit Genugthuung wiedergegebene kräftige Bosheiten, so die Mitteilung, daß Luther in seinem Quartier eine prächtig ein= gerichtete Küche und süße und ausländische Weine in sehr vielen Flaschen gehabt, ja daß man sich erzähle, daß Luther zu jedem Mittag= und Abendbrot einen Sextar (d. ist einen Schoppen) süßen und ausländischen Weines getrunken habe, was Herrn Majunke augenscheinlich zu wenig ist, denn er schreibt dafür[2]) „fünf bis sechs Quart" (!). Sonst bringt der „Mansfelder Bürger" mehrere nicht unwichtige Ergänzungen zu der bekannten Geschichte. Er will wissen, daß die beiden Aerzte bei ihrem Erscheinen Luther schon leblos vorgefunden hätten und daß nach 3 Uhr ein Apotheker in Rücksicht darauf, daß Luther, als er in Schmalkalden am Stein litt, auch schon für tot gehalten worden war, veranlaßt wurde, sehr

1) Die Originalausgabe vom Jahre 1546 hat ihn noch nicht, wie Majunke S. 11 anzunehmen scheint. Derselbe citiert eine Ausgabe 1565, die ihn wie die in meinem Besitz befindliche von 1567 enthält. Wann er zuerst aufgenommen worden ist, vermag ich nicht anzugeben, aber die Gleichzeitigkeit verbürgt nicht nur der ganze Inhalt, sondern auch der Schluß, der von dem kranken Grafen Philipp spricht, der nach Krum= haar S. 223 schon am 9. Juni 1546 gestorben ist.

2) Cochleus de actis et scriptis Lutheri Col. 1567 p. 340. Aiunt sane, Lutherum omni prandio et coena vnum ebibisse sex- tarium vini dulcis et exotici. Majunke fügt S. 12 zu Sextarium in Klammern hinzu: „d. h. fünf bis sechs Quart." In welchem Lexikon hat er das wohl gelesen?

energische Belebungsversuche anzustellen, was der Bericht des Jonas, obwohl er darüber nichts Näheres berichtet, nicht ausschließt¹). Im Uebrigen beruft er sich auf die Darstellung von Luthers letzten Stunden, wie sie in der (ebenfalls lateinisch abgedruckten) epistola des Jonas enthalten sei und bestätigt u. a., was auch Jonas berichtet, daß zwei Maler aus Halle die Leiche malten und sie zu allgemeiner Besichtigung ausgestellt wurde²).

Auf Majunke macht freilich auch dies keinen Eindruck³). In der

---

1) Walch XXI, S. 290: Als er nun im Herrn verschieden und Graf Albrecht sein Gemahl, der von Schwarzburg 2c. samt uns erschracken, immer noch schrien, man sollt mit Reiben und Laben nicht ablassen, that man alles, was menschlich und möglich war. —
Cochleus a. a. O. S. 339a. Feria quarta in coena rursus valde laetus fuit et faceciis fabulisque recitandis dicax omnibus mouens risum. Ad circiter horam Octavam conquestus est, se aliquantulum male habere sicut Epistola de eo scripta refert. Post medium noctis repente vocati sunt ad eum duo Medici, quorum alter Doctor alter Magister erat: Qui vbi advenerunt non repererunt in eo vllum amplius pulsum. Scripserunt tamen mox receptum quoddam pro emittendo Clisterio seu Enemate etc. Dann wird die Procedur beschrieben und weiter unten heißt es: Quandoquidem et antea aliquoties pro mortuo habitus fuerat, sine motu et sensu vitae aliquandiu iacens id quod Smalcaldiae quoque eidem acciderat, quando calculo excruciatus esset, — — Idcirco iussus est Apothecarius odorifera aqua illa vngere ac fricare corpus mortui. Qui sane sedulo ac impigre iussa peragens applicuit aquam illam multis fricationibus aliquamdiu naribus, ori, fronti, pupulsui ac mammae sinistrae. Man sieht, der Mann hatte reichlich Gelegenheit, den Körper zu untersuchen.

2) Omnibus tamen ad inspiciendum expositum.

3) In der ersten Aufl. S. 11 fand er, daß der betreffende Bericht zwar im Wesentlichen die Erzählung der „Historia" wiedergiebt, im übrigen aber noch einige „Einzelnheiten ertheilt, die man sich gerade in den Kreisen" des Mansfelder Bürgers mitgetheilt zu haben scheint." (Da die Briefe für Majunke nicht existieren, verschweigt er, daß der Bericht sich nicht auf die „Historia", sondern den Brief des Jonas beruft). In der zweiten heißt es nur, daß derselbe in zahlreichen Einzelnheiten abweicht.

Kolbe, Luthers Selbstmord. 3. Auflage. 2

zweiten Auflage weiß er den Bericht sogar für seine Zwecke zu benützen, indem er schreibt (S. 12) „Wiederbelebungsversuche bei einem Todten, der, wie die „„Historie"" behauptet, — „„friedlich und sanft im Herrn entschlafen"" sein sollte, sind jedenfalls eine auffallende Seltenheit." Daß der römisch gesinnte Berichterstatter aus Mansfeld **ausdrücklich als Grund dafür angiebt, daß Luther schon früher öfters, namentlich als er zu Schmalkalden am Stein litt, für tot gehalten wurde**[1]), verschweigt er natürlich. Ferner entnimmt er daraus, daß die beiden Aerzte verschiedener Meinung über die Todesursache waren, ob eine apoplexia oder ein catarrhus suffocativus zu konstatieren sei, — Grund genug zu der Annahme, daß verschiedene Gerüchte über die Todesursache cirkulierten, — und endlich, was er mit sichtlichem Interesse als für seine eigne Auffassung von Luthers Tod höchst wichtig erzählt, daß „wegen des pestilenzialischen Gestankes, den die Leiche verbreitete, trotzdem sie sich in einem metallenen Sarge befand und eisige Kälte herrschte", es unmöglich gewesen wäre, sie bei ihrer Ankunft in Wittenberg, wie beabsichtigt, zur Schloßkirche zu tragen (S. 13). Damit dürfen wir wohl die Frage von der Authentie der Historie und der Geschichtlichkeit der darin enthaltenen Mitteilungen verlassen, bis wir **schwerwiegendere Quellen kennen lernen.**

Aber mit den Gerüchten, die sie hervorgerufen haben sollen, müssen wir uns noch etwas beschäftigen. „Nach Lage der Verhältnisse"(!), schreibt Majunke, — konnten sie nur von **Luthers Dienerschaft** ausgegangen sein, und, — diesen Schluß läßt der Verfasser den Leser einstweilen selbst ziehen, — gingen diese Gerüchte von Luthers Dienerschaft aus, dann müssen sie auch auf Wahrheit beruhen. So wäre die Sache „nach Lage der Verhältnisse" bewiesen, denn an „Papisten" könne man nicht denken: „Wie kamen diese in die Lutherstadt Eisleben, in welcher im Jahre 1546 die „Freiheit" der christlichen Lehre bereits in solcher Blüte stand, daß in ihren Mauern ein Papist gar keinen Athem mehr holen konnte." (S. 9). Woher Majunke das letztere weiß, ist mir unbekannt. Jedenfalls war die Grafschaft Mansfeld längst nicht so glücklich, keinen Papisten mehr zu besitzen.

Majunke beruft sich zwei Seiten später auf den eben besprochenen

---

1) S. das Citat aus Cochleus auf voriger Seite.

Bericht des offenbar römischen civis Mansfeldensis, der auch von dem Grafen Philipp von Mansfeld als von einem Katholiken spricht¹). Und von seinem Freunde Cochleus hätte er erfahren können, wo die schlimmen Gerüchte über Luthers Tod herkamen. Derselbe schreibt, was Majunke an einer anderen Stelle (S. 13) selbst citiert, höchst naiv: „Von seinem Tode schreiben Viele Vielerlei. Anders erzählen uns und schreiben die Katholiken aus den benachbarten Ortschaften, anders sprechen und schreiben die Lutheraner"²). Also die Katholiken aus den benachbarten Orten, die, wie man sich lebhaft vorstellen kann, gewiß sehr bald herbeigeeilt sein werden, um den toten „Häre=starchen" zu sehen, haben nach Cochleus eine andere Lesart über Luthers Tod in Umlauf gebracht. Aber worin bestand dieselbe, oder um mit Majunke zu reden: „Welcher Art also waren diese Erzählungen, welche bald in ganz Sachsenland (!!) einer dem andern heimlich ins Ohr anvertraut hatte?"

„Wenn sie auch in Einzelheiten von einander abwichen, so blieb bei allen doch ein gemeinsamer, einheitlicher Kern zurück. In der Hauptsache stimmten nämlich alle darin überein, daß Luther eines ganz plötzlichen, unerwarteten und dabei jämmer= lichen Todes gestorben sei."

Das ist leider zu zart ausgedrückt. Aber Majunke will seine Leser erst nach und nach an das Gräßliche gewöhnen. Die Sache ist viel schlimmer. Was man in jenen Kreisen glaubte, war die Meinung von Luthers Tode, die Herr Majunke anfangs nur sehr schüchtern, später um so offener, als die seinige und die korrekte erkennen läßt, nämlich, daß Luther vom Teufel geholt worden sei. Leider besitzt er dafür keine gleichzeitige Quelle. Ich kann ihm damit dienen. Wenn er sich mit den Quellen wirklich beschäftigt hätte, so hätte er aus einem Briefe des Jonas vom 9. März 1546 entnehmen können, daß in der That die Mönche und Papisten ver= breiteten, daß der Leichnam Luthers im Sarge verschwunden

---

1) Habebimus timeo, acriora dissidia mortuo hoc Comite (sc. Philippo). Confluunt vndique Evangelistae suadentes super communione vtriusque speciei, sed vt audio, hactenus renuit.

2) De cuius obitu multi multa scribunt. Aliter narrant et scribunt ex vicinis locis Catholici, aliter loquuntur et scribunt Lutherani.

sei, und daß man einen leeren Sarg nach Halle gebracht hätte, und daß der Rat gegen solches Treiben einschreiten mußte²). Daß solche Gerüchte verbreitet waren, ist positive Thatsache, und wenn Majunke S. 16 schreibt: „es konnte nicht Wunder nehmen, wenn diejenigen, welche es nicht mit Luthers Lehre hielten, meistens der Ueberzeugung Ausdruck gaben, daß der Teufel ihn „„geholt"" habe", freue ich mich, wenigstens einen Punkt zu wissen, in dem ich mit dem neuen Lutherforscher völlig übereinstimme.

Daß man dies in römischen Kreisen damals (wie heute) glaubte, kann freilich nicht Wunder nehmen, denn erstens ist es zwar noch nicht definierter römischer Glaubensartikel, aber es darf doch als allgemein geglaubte „fromme Meinung" bezeichnet werden, daß ein ordentlicher Ketzer und nun gar erst ein Häresiarch, um mich wie Majunke zart auszudrücken, eines „jämmerlichen Todes" sterben muß, und alle die edlen Herrn, der Cardinal Hosius, die „berühmten Theologen" Thomas Bozius, Sedulius und Cornelius a Lapide, die Majunke im Verlaufe seiner Schrift als historische Quellen ersten Ranges benützt, gehen, wie wir noch hören werden, an den betreffenden Stellen darauf aus, dies nachzuweisen, und zweitens hatte man bereits ein Jahr vor Luthers Tode in einer in Italien erschienenen Schrift Luthers Leiche vom Teufel holen lassen.

Dieses Pamphlet, das Luther im italienischen Original mit deutscher Uebersetzung und einem kurzen Nachwort abdrucken ließ²), erzählt, wie Luther, nachdem er auf dem Todtenbett das Abendmahl empfangen, alsbald gestorben. Vor seinem Ende habe er verlangt, daß sein Leichnam auf den Altar gesetzt und wie Gott verehrt werde. Aber die göttliche Vorsehung habe, um einen so großen Irrtum abzuthun, die sehr notwendigen Wunder nicht versagt. Bei seiner Beerdigung wurde alle Welt durch furchtbaren Rumor und Getümmel erschreckt, und man sah die allerheiligste Hostie, die ein so Unwürdiger empfangen hatte, in der Luft hängen, und that sie dann mit größter Ehrerbietung „zu den Heiligthümern", worauf es ruhig ward. In der folgenden Nacht erhob sich jedoch ein so

---

1) Kawerau, Briefwechsel des Justus Jonas II, 186.
2) U. a. abgedr. in Luthers Werken Erl. A. 32.

großes Ungestüm, daß sich jedermann entsetzte und man Luthers Grab öffnete. In demselben war aber außer einigen Kleidern nichts mehr zu finden, und es strömte einen solchen Schwefelgeruch aus, daß die Leute sich wieder zur römischen Kirche, „die da ist ein Pfeiler der Wahrheit", bekehrten.

Diese schöne Schrift, die Luther so herrlich vom Teufel geholt werden läßt und die offenbar das Prototyp aller späteren römischen „Gerüchte" und Lügen ist, ist Herrn Majunke bekannt, er weiß sogar, daß man schon im Jahr 1635 auf die jetzt wieder ausgegrabene Lüge vom Erhängen Luthers von Hamburg aus antwortete[1]):

„Das ist nichts neues, daß man nach Lutheri Tod solche Lügen ertichtet, dieweil es schon bei seinem Leben geschehen ist, er selber hat in seinen Schriften aufgezeichnet die Welsche Lügenschrift, welche zu Rom von seinem Tode ausgegangen war".

Man begreift, daß diese Schrift[2]) als ein römisches Machwerk Majunke sehr unbequem ist. Also fort damit!

Mit der ihn zierenden Unmittelbarkeit behauptet er, daß dieses Libell gar nicht von den Katholiken herrühren könne. „Bei den katholischen Schriftstellern" — wir werden sie kennen lernen — die über Luthers Tod berichten, und die „traurige Wahrheit darüber mit größter Objektivität und Ruhe erzählen", „findet sich von dem entsetzlich gemeinen Ton, wie er jeden Leser auf fast jeder Seite bei Luthers Original-Werken anekelt, nicht eine Spur; sie waren gar nicht fähig[3]), das ihnen zugeschriebene angeblich römische Schandlibell zu verfassen." Der Autor ist ganz wo anders zu suchen: „Niemand hat sich mehr die Verbreitung angelegen sein lassen als Luther." „Auch manche der darin vorkommenden Wendungen im Stil, sowie der phantastische Gedankengang läßt vermuten, daß der Geist, der die Schrift diktirt hat, Luthers eigner Geist gewesen war."

---

1) Lutherus defensus. Das ist Gründliche Widerlegung dessen, was die Päbstler D. Lutheri Person fürwerffen 2c. Durch Johannem Müllern der hl. Schrift D. Pastorem der Hauptkirchen St. Petri in Hamburg. Vgl. Majunke S. 21.

2) Vgl. auch Terlinden, Luthers Tod. S. 9, wo sie wieder abgedruckt ist.

3) Von Majunke unterstrichen.

Dabei will Majunke sich nicht "auf das Gebiet der Psychologie begeben und den Gründen nachspüren, die den ""Reformator""", der so oft nach dem Grundsatze handelte, daß der Zweck die Mittel heilige, der insbesonders der Meinung war, "ad papatum decipiendum omnia licere", zu einem solchen Vorgehen bewogen haben könnten." (S. 23 f. Siehe oben S. 5. Anm.).

Also Luther ist selbst der Verfasser des Schandlibells, oder damit wir nicht zuviel sagen, "sein Geist hat die Schrift dictirt". Das ist allerdings eine wichtige Entdeckung, die den Lutherforscher namentlich auch deshalb interessieren wird, weil wir daraus ersehen können, was wir bisher nicht wußten, daß Luther nicht ohne Gewandtheit die italienische Sprache handhabte, und da Herr Majunke wohl noch andere italienische Schriftstücke Luthers, durch deren Vergleich er in dem fraglichen lutherschen Stilwendungen entdeckt hat, kennen wird, dürfte eine weitere Bereicherung des Quellenmaterials bevorstehen. Leider ist aber von alledem wieder **nichts wahr**. Leider besitzen wir noch den Brief des Landgrafen Philipp von Hessen vom 12. März 1545 an Luther, mit welchem er ihm den betreffenden Druck nebst deutscher Uebersetzung schickte und ihn um Rücksendung desselben bat [1]). Wir besitzen ferner noch, und zwar im Original, Luthers Antwort vom 21. März, in welcher er am Schluß schreibt: "**Ich will das Welsch und Deutsch sämmtlich lassen drucken, denn es sonst keiner Antwort wert**. Will

---

1) Das Schreiben lautet (bei Rommel, Philipp von Hessen III, 108): Philips, von Gots gnaden u. s. w. Unsern gnedigen gruß zuvor, Ehrwürdiger vnd hochgelerter lieber andechtiger vnd getrewer, Was von euch vor schandlügen in Italien umbgezogen vnd außgeben worden, das findet Jr mit beiliegendem Truck zu sehen, wilcher truck uns von einem ehrlichen man aus Augspurg ist zugeschickt, unnd ob wir woll denken, das Jr leut bei euch habt, so das Italienisch genugsam wissen zu transferiren, So thun wir euch davon ein teutsch translation, wie uns das einer unser Diner am Hove so Italienisch zimlich verstehet, interpretiret hat, zuschicken, gnediglich begerennd, Jr wollet nach verlesung und abschreibung uns den Truck wider übersenden. Des thun wir uns verlassen, unnd woltens euch darumb nit pergen, auf das Jhr sehet, wie man das verdechtige parteisch Concilium mit Lügen ansehet, Hoffen, es soll euer lang leben seyn. Seind euch damit gnediglich genetgt. datum u. s. w.

allein zeigen, daß ich's gelesen habe"¹). Wir besitzen außerdem auch den Brief des Landgrafen an den Kurfürsten von Sachsen vom 12. März 1545, in welchem er jene Sendung an Luther weiter zu befördern bittet, und dem Fürsten zugleich das Schreiben seines Augsburgers Gewährsmanns beilegt, der ihm unter Uebersendung des Libells mitgeteilt habe, daß dasselbe in Neapel und vielen anderen Orten gedruckt worden sei, und endlich bewahrt das Archiv zu Weimar noch die Antwort des Kurfürsten an den Landgrafen vom 29. März, in der er ihm berichtet, daß er die Schrift an Luther weitergeschickt habe ²). So verhält es sich also mit dem nach Majunke (S. 25.) „in Deutschland gedruckten, mit römischem Titel versehenen Falsificat". M. schließt seine Darlegung über Luthers Autorschaft mit der Bemerkung: „auch hier fällt nur wieder die Gemeinheit, welche Luther auf die katholische Literatur zu wälzen suchte, auf ihn selbst zurück."

Und nun?

Der Leser wird wahrscheinlich annehmen, daß der ehrliche Geschichtsschreiber nur so schreiben konnte, weil er von allem diesem Briefmaterial nichts weiß. Aber weit gefehlt. Da M. die betreffende Seite bei Seckendorf citiert, wo davon berichtet wird, um daraus die Notiz beizubringen, daß schon katholische Zeitgenossen der Meinung gewesen, Luther selbst vel aliquis ex suis könnte der Urheber des Libells gewesen sein ³), so bleibt keine andere Annahme übrig, als daß M. die den historischen Sachverhalt feststellenden, bei Seckendorf auf derselben Seite zu lesenden Thatsachen gekannt, aber um Luther schmähen zu können, verleugnet hat. Das ist römische Geschichtsschreibung.

1) De Wette-Seidemann VI, 373.
2) Seckendorf, hist. Lutheranismi III, p. 580.
3) Seckendorf schreibt an der besagten Stelle: Fuerunt ex adversa parte quos protervi figmenti puduit et ideo inventorem eius ipsum Lutherum substituere voluerunt, vel aliquem ex suis; impudenter utique et vane. Extant enim Reg. H. fol. 630 n. 197 (nämlich im Archiv zu Weimar) literae Landgravii ad Electorem Saxoniae d. 12. Mart. authenticae, in quibus ei relationem istam Italicam misit, significans, se eam ab Augustano quodam cuius literas etiam adiunxit, accepisse ex quibus percipitur, typis excusam schedam Neapoli et multis aliis locis fuisse etc.

Aber lassen wir das! Jedenfalls stand es in römischen Kreisen fest, daß Luther vom Teufel geholt worden sei. Das schließt nicht aus, daß man über die Art, wie dies geschehen sei, verschiedener Meinung sein konnte, und das giebt Herrn Majunke Gelegenheit, seiner Freude am Schmutz Genüge zu thun, worauf einen Blick zu werfen ich leider meinen Lesern nicht ersparen kann: „Einige deuten an, daß das geschehen sei, während Luther sich im Zustand des Deliriums befunden habe." Bereits im Todesjahre Luthers schreibt „ein insbesondere von Erasmus gepriesener Theologe" Christophorus Longolius zu Cöln in seiner Rede oratio ad Lutheranos: „Nostis hominem altero crure claudum, humero strumosum, oculo captum, ac morbo tum comitiali, tum eo, qui libidinem eius obscoenis pustulis indicet, foede misereque confectum 1)".

„Hier werden", schreibt Majunke, „die verschiedenen körperlichen Gebrechen, an denen Luther bei Lebzeiten insbesondere in Folge seiner Leidenschaften litt (!!), kurz aufgezählt." Luther wäre also, — sagen wir es nur offen heraus, an Syphilis, die er sich durch seine Leidenschaften zugezogen hat, gestorben! Ich weiß nicht, ob man je etwas Gemeineres gelesen hat. Herr Majunke fährt fort: „Der Autor setzt die Kenntniß dieses Umstandes bei den Protestanten, an die er sich wendet, als bekannt voraus; nicht minder aber die Thatsache, daß Luther auf eine ,,,scheußliche und elende Weise geendet habe."" Und daraus, daß Longolius seine Apostrophe an die Lutheraner mit einem kühnen „Nostis" einführt, schließt M., „daß auch bei den Protestanten die Anschauung vorherrschend 2) gewesen sein muß, daß der Reformator eines jämmerlichen und elenden Todes gestorben sei." Hierauf nur ein Wort erwidern zu wollen, wäre unwürdig. So schrieb ich in der ersten Auflage. Unterdessen ist es mir möglich gewesen, mich mit Majunkes Quelle, dem Christophorus Longolius, etwas näher zu beschäftigen, und es wird den Leser gewiß interessieren zu hören, daß Longolius, der nach Majunke noch im Todesjahre Luthers so Schreckliches über sein elendes Ende berichten soll, bereits selber schon am 11. Sept. 1522 gestorben ist,

---

1) Man wolle mir die Übersetzung erlassen.
2) Von Majunke unterstrichen.

was in jedem größeren biographischen Lexicon zu lesen ist. Gleichwohl hat er wirklich die von Majunke citierte Rede geschrieben, welche 1524 zuerst herausgegeben und später mehrfach von Freunden wieder zum Abdruck gebracht wurde. Nun wäre ja denkbar — die erste Ausgabe habe ich nicht gesehen — daß jene Stelle erst nach Luthers Tode eingeschoben worden wäre. Leider findet sie sich aber schon in einer (auf der Berliner Bibliothek befindlichen) Ausgabe von 1545. So hätten wir also ein Seitenstück zu dem eben besprochenen welschen Schandlibell. Doch nein, das ist nicht so. Longolius und seine Zeitgenossen müssen von dem Verdachte freigesprochen werden, so Unflätiges über Luthers Tod verbreitet zu haben, das hat erst Paul Majunke in ihrem Namen gethan, denn Longolius spricht an der betreffenden Stelle[1]) überhaupt gar nicht von Luther, sondern von dessen Parteigängern Sickingen und Ulrich von Hutten, und des letzteren elenden Zustand charakterisiert er mit dem von Majunke angeführten Satze. Sollte das wirklich blos ein Versehen sein?

Das ist schwerlich anzunehmen bei einem Manne, der sich den Anschein giebt, die betreffende Rede so genau zu kennen, daß er schreiben kann, daß Longolius von dem fraglichen Satze (der nebenbei gesagt im dritten Bogen sich findet) „ausgehe", was eine positive Unwahrheit ist.

1) Ich lasse die ganze Stelle folgen, damit jeder sich ein Urteil bilden kann, ob hier bei jemandem, der lateinisch versteht, die Meinung aufkommen kann, daß Longolius in dem fraglichen Satze von Luther spricht. Daß mit den beiden Anhängern Luthers Sickingen und Hutten gemeint sind, kann freilich nur der wissen, der wie Majunke sich mit Reformationsgeschichte beschäftigt hat: Quacunque ratione ad nouissimum auxilium descenderit et se militari manu sepserit homo Christianus (sc. Luther), quique sibi nihil vnquam magistratuum imperio antiquius fore, solenni sacramento pollicitus esset, neque se pro tuendis Christi praeceptis vllum mortis genus recusaturum semper praedicasset, certum est omnes eius prouinciae damnatos, omnes ignominia notatos, omnes aere alieno oppressos, omnes exilio infamiaque dignos, multa spe et promissis ab eo teneri. Praefectos autem tam numerosae cohortis eum habere duos atque hos ipsos concordiae Christianae multo inimicissimos. Alterum summo quidem loco natum illum et valentem sane hominem, sed tamen audacia magis et saevo inter eas gentes latrocinio, quam generis nobilitate insignem. Alterum

Doch hören wir weiter, wie widerwärtig es auch sein mag, etwas von den Schandgeschichten über Luthers Tod, die Majunke seinen Lesern mitteilt. Aus Floremund Raimunds Historia memorabilis (Köln 1655 S. 265) berichtet er: A quibusdam proditum invenio, eodem modo Lutherum, quum e lectulo ventris exonerandi caussa surrexisset, quo Arium intestina effudisse. Der Exeget Cornelius a Lapide († 1637) erzählt in seinem Commentar zu Ezech. XIII, 9, auf Grund der cirkulirenden Gerüchte: Lutherus dormiens cum sua pellice nocte est suffocatus (Maj. S. 19). Der Kardinal Bellarmin weiß sogar in seinen Predigten zu erzählen, daß der Teufel Luther das Gesicht umgedreht hat [1]).

„Der Cardinal Hosius und nach ihm Andere haben sich mit der Todesart Luthers nicht näher befaßt, sie berichten nur, daß derselbe plötzlich verschieden „nullo praesente nisi fortassis veteri suo familiari, cum quo se modium salis comedisse subinde dixerat: Cacodaemone (S. 15)." Es ist in der That schwer, solchen Leistungen gegenüber kühl zu bleiben. Man sollte meinen,

equestris ordinis, at non item census, quem pridem devorarit nudum plane, neque tamen aut infantem aut infacetum equitem. Illius enim bona militiae opera vti audio ob saepe spectatam hominis tum spoliandis iugulandisque, qui illac iter facerent, negociatoribus, tum in depopulandis finitimorum agris virtutem atque diligentiam. Huius gloriosa domi exquirere consilia, quippe quem constet animo esse tam seditioso, quam iam sit multis acceptis vulneribus ad bella gerenda corpore infirmo et prorsus inepto. Nostis puto hominem altero crure claudum, humero strumosum, oculo captum ac morbo tum comitiali, tum eo, qui libidinem eius obscoenis pustulis indicet, foede misereque confectum. Scurram illum dico equitem, qui cum miros vel scriptis suis risus vulgo facere conetur, non minus tamen crudeliter bonis omnibus interim minitans bellum Reip. indicit atque denunciat. etc. Christophori Longolii viri doctissimi ad Lutheranos oratio. Coloniae ex officina Melchioris Nouesiani Anno M. D. XLV. Bog. C.

1) Martinus Lutherus nonne sicut Epicureo more vixit, ita quoque more Epicureo extinctus est? Nam quum nocte quadam optimam coenam sumpsisset, sicut semper solebat et fabulis et facetiis omnibus convivis risum movisset, post paucas horas ore contorto animam diabolo reddidit.

selbst der glühendste Hasser Luthers müßte heute über solche Ausgeburten des Fanatismus einer vergangenen Zeit etwas wie Scham empfinden. Anders Majunke. Er vermag daraufhin zu schreiben: „Wir haben eben gesehen, wie die katholischen Schriftsteller — deutsche wie römische — zuerst die cursirenden Gerüchte über Luthers Tod und später die traurige Wahrheit darüber mit großer Objectivität [1]) und Ruhe erzählen; nicht eine Spur findet sich bei ihnen von dem entsetzlich gemeinen Ton, wie er jeden Leser auf fast jeder Seite bei Luthers Originalwerken anekelt (S. 24)."

Aber wie steht es denn mit „der traurigen Wahrheit?"

Dreiundvierzig Jahre war man nicht über Gerüchte hinausgekommen: „So blieb der Tod Luthers ein Geheimniß, zu welchem nur einige Wenige, welche an seinem Todesbette gestanden, den Schlüssel hatten," da war es der gelehrte Oratorianer Thomas Bozius, der 1593 „**einen Bericht von einem Augenzeugen und zwar von Luthers eigenem Diener veröffentlichte.**"

Damit verhält es sich folgendermaßen. In seinen großen polemischen Werken de signis ecclesiae [2]) will Thomas Bozius

---

1) Ja noch mehr: „Floremund Raimund sucht in seiner „historia memorabilis" Luther wegen seiner letzten That noch zu **entschuldigen**! — Er registriert die verschiedenen über Luthers Tod cirkulirenden Gerüchte, weist dann dem Bericht des **Bozius** den meisten Glauben bei und bemerkt schließlich, Luther habe diesen Schritt gethan, weil er extremis oppressus calculi doloribus mortem vehementer optavit." S. 24. Kann man die christliche Liebe wohl weiter treiben?

2) Damit Majunke sich nicht über Uebertünchung der Quelle beklagt, soll die ganze Stelle mitgeteilt werden: Veniamus ad auctores haeresum nostri temporis. Lutherus cum vespere laute coenasset, ac laetus somno se dedisset, ea nocte suffocatus interiit. **Audivi haud ita pridem compertum testimonio sui familiaris**, qui tum puer illi serviebat et **superioribus annis ad nostros** se recepit, Lutherum sibimet ipsi laqueo iniecto necem miserrimam attulisse; sed datum protinus cunctis domesticis rei consciis iusiurandum, ne factum divulgarent, ob honorem adiecere Euangelij. Oecolampadius ante Lutheri interitum nocte dum dormiret, improvisa morte est strangulatus. Id cum percepisset Lutherus, Oecolompadio infensissimus, quod ab ipso discessisset, haeresimque novam protulisset, editis scriptis exclamabat sibi esse

in Lib. XXIII, caput III, S. 1203 f. an dem üblen Ausgang des Häresiarchen darthun, wie sich der Satz bewahrheite, daß sich an dem Tode erkennen lasse, ob jemand zur Kirche Gottes oder zur Kirche derer gehöre, welche Gott hasse. Zu dem Ende wird von dem entsetzlichen Tode des Simon Magus an die ganze Kirchengeschichte durchgegangen, wobei jeder Kirchenhistoriker einen Schatz neuer Nachrichten finden wird. Dann wendet sich der Autor zu seiner Zeit, um das schreckliche Ende Luthers, Oekolampads, Bucers, Calvins und Zwinglis zu schildern.

Oekolampad wurde stranguliert; Calvin starb nach längeren Leiden an den verschiedensten Krankheiten, endlich an der Läusesucht, ganz arg soll es Bucer ergangen sein, an dessen Totenbette ein schrecklicher Teufel stand, der alle dabeistehenden zum Tode erschreckte, und der ihn dann, um seine Seele zu holen, niederschlug, so daß er, indem seine Eingeweide im Schlafzimmer allenthalben sich hierhin und dorthin ergossen, unter schrecklichen Qualen seinen Geist aufgab. Von Luther aber berichtet Bozius, er habe, nachdem er des Abends herrlich gespeist und sich fröhlich schlafen gelegt, in derselben Nacht seinen Tod durch Erstickung gefunden. Indessen fügt er hinzu, daß er vor kurzem durch das Zeugnis eines Vertrauten Luthers, der als Knabe sein Diener gewesen, vor längerer Zeit (superioribus annis) sich aber zur katholischen Kirche gewendet, in Erfahrung gebracht, daß Luther sich durch Erhängen getötet habe, aber allen Dienern, die um die Sache gewußt, ein Eid auferlegt worden wäre, es nicht

---

exploratissimum, Oecolampadium igneis diaboli telis confossum. Eundem casum subiit Carolostadius, vt affirmat minister quidam Lutheranus in epistola typis excusa. Bucero dicunt animam pene agenti astitisse daemona horrendum, qui cunctos astantes timore exanimarit, a quo vt animam aueheret secum, fuerit perculsus: nam lecto deturbatus effusis per cubiculum passim huc illuc visceribus multisque cruciatibus exanimatus exspiravit. Jam Calvinus totos quatuor annos nouem morbis dirissimis (id Beza discipulus eius primarius ac studiosissimus scriptum reliquit) miserime excruciatus interiit; cholica, dolore articulorum, calculo, haemorrhoidibus, febri astmate, hemicranio, pituita, vomitione. Demum pediculis vndique scatentibus, .et testatur qui ipsius istam Gallico sermone scripsit, exesus, infelicissime ac. turpissime obiit. T. Bozius, de signis ecclesiae. Coloniae 1593. p. 1206.

zu verraten. Von allen diesen schönen Dingen teilt nun Majunke seinen Lesern wohlweislich bloß die Stelle über Luther mit, und daß Bozius selbst deutlich unterscheidet zwischen seinem positiven Bericht (suffocatus interiit) und dem, was er weiter gehört hat, bleibt unbeachtet.

Diese Mitteilung, deren Form die eigene Unsicherheit des Berichterstatters deutlich erkennen läßt, und die sich schon durch den Zusammenhang, in dem sie sich findet, als tendenziöse Erfindung verrät, — sie soll ja beweisen, was schon vorher feststeht, daß alle „Ketzer" eines schrecklichen Todes sterben — ist für Majunke „aus äußern Gründen authentisch (!), aus innern nicht unwahrscheinlich", und fand, wie er versichert, „bei den katholischen Schriftstellern allgemeinen Glauben." Das ist zwar nicht ganz richtig, aber Thatsache ist, daß einige dieselbe mit Vergnügen acceptierten, und, was das Interessanteste ist, auch bereicherten. Cornelius a Lapide, der früher [1]) eine andere Version verbreitete, weiß in seinem Komm. zu 2. Petri 2, 12, daß Luther die schreckliche That, von der Bozius berichtet, „in der Verzweiflung von dämonischen Furien getrieben" verübt habe [2]). In seinem späteren Kommentar zur Apokalypse zu Kap. 19, 21 [3]), wo ebenfalls nach bekannten Mustern das schreckliche Lebensende des Häresiarchen mit der diese Autoren auszeichnenden Freude am Schmutz vorgeführt wird, ist als Gewährsmann dafür, daß Luther sich „die Gurgel gebrochen," bereits aus dem einen familiaris des Bozius eine ganze Anzahl geworden. Da war es denn hohe Zeit, daß man das Schriftstück mit der betreffenden authentischen Aussage endlich auffand und es veröffentlichte. Dieses Verdienst hat der Minorit Sebulius, der 60 Jahre nach Luthers Tod in seinem in Antwerpen geschriebenen Buche Praescriptiones adversus haereses Antv. 1606, S. 210, nach Majunke den **einzigen authentischen Bericht** über Luther bekannt gab.

1) Siehe oben S. 26.
2) Desperatione et furiis daemonis actum.
3) Ed. Antverp. 1672 p. 283. Lutherum sibi gulam fregisse, ex eius familiarissimis (!) acceptum esse tradunt, Bozius de signis Ecclesiae, Genebrand (Benedictiner, Erzbischof von Aix † 1597) et alii. — Der Bericht des Bozius über das Ende Calvins wird durch folgende Bemerkungen verschönert: Accessit morbus pedicularis qui totum corpus pervasit ac foetidissimum et purulentissimum ulcus circa verenda.

In diesem Buche, einer wahren Fundgrube von Scheußlichkeiten, die die Ketzer aller Zeiten begangen haben sollen, nimmt natürlich wieder der böse Tod der Häresiarchen einen bedeutenden Raum ein [1]), und der Verfasser freut sich, während seine Vorgänger nur von dem **plötzlichen** Tod Luthers gewußt hatten, nunmehr die wahre Art desselben offenbaren zu können, denn er ist angeblich von der Zeit her, in der er in Freiburg im Breisgau gelebt hat, im Besitz eines von einem glaubwürdigen Manne erhaltenen Schriftstückes, in welchem ein „gewisser Kammerdiener" Luthers [2]) folgendes bekennt: Obwohl er sich eidlich zum Schweigen verpflichtet, wolle er unter Hintenansetzung der Menschenfurcht, aus Scheu vor Gott und den Heiligen, Gott mehr als den Menschen gehorchen und zum Ruhme Christi und zur Erbauung der ganzen katholischen Kirche offenbaren, was er selbst gesehen und **unter den ersten** in Erfahrung gebracht, und **den fürstlichen in Eisleben versammelten Männern verkündet habe** [3]). Demnach habe Luther eines Tages im Ver-

---

1) Sollte Majunke beabsichtigen, etwa auch ein „**Lebensende Oekolampads**" zu schreiben, so würde Sedulius mit folgender schöner Erzählung eine neue und pikante Quelle abgeben: Oecolampadio Zwinglii mors adeo doluit, vt paulo post a faemina, quam incestis polluit nuptiis, in lecto extinctus repertus fuerit. Usque adeo enim frigidum est hoc genus apostatarum, vt periculum sit ne prae frigore moriantur, nisi quam primum lepidam puellam sibi per summum scelus adiungant cuius sulfureis amplexibus incalescant; illo igne, quem non dominus Jesus amator integritatis filius sed tartareus Satan misit in terras. Sedulius, Praescriptio XVIII, 23 p. 207.

2) Die Ueberschrift des überaus schwülstigen Schriftstückes lautet: Cubicularii cuiusdam Martini Lutheri religiose a pio quodam viro super eiusdem domini sui Martini morte interrogati, ingenua responsio, et vera confessio.

3) Quod ipse vidi et in primis comperi, ipsisque Principibus viris Islebi congregatis enunciavi, nullius odio lacessitus nullius amore aut favore provocatus. Contigit itaque cum Martinus Lutherus aliquando inter Illustriores Germanie Heroes Islebi genio suo largius indulsisset, et plane obrutus potu cubitum a nobis ductus, atque in lectulum foret compositus; vt nos ei salutarem quietem precati in nostrum abiremus conclave ibique nihil sinistre vel ominantes vel suspicantes, placide obdormiremus. Postridie vero ad dominum reuersi, quacum solemus, in vestitu operam daturi, vidimus proh do-

sehr mit den hohen Herren Deutschlands seinem Gelüst etwas zu sehr
nachgegeben, so daß man den gänzlich Betrunkenen habe ins Bett
bringen müssen. Darauf hätten sie, die Diener, ihm gute Nacht ge=
wünscht und hätten, ohne an etwas Schlimmes zu♦denken, sanft
geschlafen. Am andern Morgen aber hätten sie Luther neben dem
Bette hängend schrecklich stranguliert gefunden. In ihrer Bestür=
zung wären sie ohne Zaudern zu den fürstlichen Zechgenossen Luthers
gestürzt, um ihnen den schrecklichen Ausgang desselben mitzuteilen.
Diese hätten sie beschworen still zu schweigen, den vom Strick befreiten
schrecklichen Leichnam Luthers aufs Bett zu legen und auszusprengen,
Luther sei eines plötzlichen Todes gestorben; das hätten sie denn
auch durch Versprechungen bestochen thun wollen, wenn nicht eine
unbezwingliche Macht der Wahrheit sie eines besseren überzeugt
hätte ꝛc.

Dieses jeder Beglaubigung entbehrende, von einem
Unbekannten einem zweiten Unbekannten zu unbekannter
Zeit „zur Ehre Christi und zur Erbauung der ganzen christlichen
Kirche" abgelegte Bekenntnis, welches Sebulius von einem
gleichfalls nicht genannten Manne erhalten haben will,
soll die, 60 Jahre nach Luther bekannt gewordene, authentische Nach=
richt von Luthers scheußlichem Tode sein, mit der Majunke die Aus=

---

lor eundem dominum nostrum Martinum iuxta lectum suum pensilem
et misere strangulatum. Ad quod sane horribile spectaculum suspendii
ingenti perculsi pauore, non diu tamen haesitantes, ad hesternos
eius compotores et Principes viros prorupimus; eisque execrabilem
Lutheri exitum indicauimus. Illi porro non leuiori quam nos formi-
dine perterriti omnia polliceri, multaque obtestari coeperunt: primum omnium ut rem constanti ac fideli premeremus, silentio, ne quid
in lucem proferretur, tum ut expedito laqueo foedum Lutheri
cadaver in lectum collocaremus, denique in hominum vulgus sparge-
remus, dominum meum Martinum repentina morte ex hac vita dis-
cessisse, id quod, et precibus illorum Principum et non
secus quam adhibiti Dominico monumento vigiles amplis
corrupti promissis facturi eramus nisi vis quaedam insuperabilis
veritatis aliud persuasisset: quae vel hominum metu seu reuerentia
vel lucri spe aliquamdiu quidem premi potest, sed exstimulante reli-
gionis, vel conscientiae oestro, in perpetuum opprimi non potest.

sagen der oben namhaft gemachten zahlreichen Augenzeugen einfach über den Haufen werfen will.

Aber das ist längst nicht Alles, was Sedulius Authentisches über Luthers Tod zu berichten hat; nicht minder glaubwürdig ist ihm ein die Geschichte von Luthers greulichem Tod wesentlich ergänzender Bericht des 1587 zu Köln verstorbenen Tileman Bredebach. Demnach hat ein durch sein Alter, seine Gelehrsamkeit und durch die Heiligkeit seines Lebens wohl empfohlener Mann berichtet, wie an demselben Tage, an welchem „der neue Evangelist" Luther gestorben sei, alle Besessenen, die in der Hoffnung auf Befreiung um diese Zeit zu dem Leichnam der heiligen Dymna nach Gheel in Brabant gekommen waren, von ihren so gräßlichen und abscheulichen Gästen befreit worden seien, am andern Tage jedoch wieder von denselben besessen und gequält worden wären. Auf die Frage, wo sie tags zuvor versteckt gewesen, hätten die Dämonen geantwortet, ihr Fürst und Oberteufel hätte befohlen, daß alle bösen Geister zu dem Begräbnis ihres Propheten und treuen Mitarbeiters Dr. Martin Luther zusammenströmen sollten, denn es sei schicklich, daß der, der so viele als möglich zur Hölle geführt habe, auch auf feierliche Weise von so vielen als möglich dorthin begleitet würde. „Als ich diese Geschichte," fährt der Berichterstatter fort, „in Gegenwart einiger ehrenwerter Männer erzählte, fügte ein gewisser Rat eines hohen Fürsten hinzu, er sei in Eisleben in Luthers Vaterhaus, in dem er auch gestorben sei, gewesen; dort habe ein langjähriger Diener Luthers kurz vor seinem Tode zufällig vom Fenster des Schlafgemachs, in dem auch Luther gerade gewesen, auf den angenehm plätschernden Brunnen sehen wollen, da habe er bald eine große Menge scheußlicher Teufel auf dem Brunnenrande tanzen sehen, was er auch, von Luther nach dem Grunde seines plötzlichen Erbleichens mehrfach gefragt, diesem offenbart habe. Als Luther nun bald darauf gestorben und seine Leiche von Eisleben nach Wittenberg gebracht worden sei, habe eine unzählige Menge in schrecklicher Weise krächzender Raben den Leichenzug umschwärmt und ihm bis nach Wittenberg das Geleit gegeben. „Und dies waren", sagte jener Rat, „ohne Zweifel dieselben, welche auf Befehl des Fürsten und Oberteufels, die Gefäße (Vasa), welche sie früher besessen, verlassen und zu Martin Luthers Begräbniß zusammengeströmt waren, damit es nicht den

Anschein gewinne, als ob einer von ihnen bei einer solchen Feierlichkeit fehle." —

Warum hat wohl Majunke diesen herrlichen Bericht, den wie gesagt Sedulius für nicht minder authentisch ansieht, nicht auch mitgeteilt [1])? Hier wird ja die Aussage des Dieners sogar durch einen consiliarius Magni Principis bestätigt, — wahrscheinlich wohl deshalb, weil er sich sagen mußte, daß dieses erbauliche Ammenmärchen seinen ersten authentischen Bericht auch bei den leichtgläubigsten Leuten um den letzten Kredit bringen müsse.

Soll man wirklich, an diesem Bericht noch irgend welche Kritik üben? Selbst unter Majunkes Gesinnungsgenossen sind schon Stimmen laut geworden, daß „mit einem solchen Zeugnis einfach nichts anzufangen sei"[2]). Das Schriftstück tritt mit dem Anspruch auf, die erste Mitteilung über den bis dahin verheimlichten angeblichen Selbstmord zu sein. Da aber schon Bozius davon Kunde haben will, so müßte der betreffende Diener entweder schon vorher geplaudert haben, und dann ist sein Vorgeben, erst mit dem besagten Schriftstück die Wahrheit offenbart zu haben, unwahr, oder Bozius hat es, wie Majunke annimmt, schon im Jahre 1592 gekannt. Die Aussage des angeblichen Dieners will ferner nicht unter dem Beichtsiegel gemacht sein, sondern, da sie zur Ehre Christi und

---

[1] Nach Mitteilung des Hängeberichts bemerkt Majunke: „Hierauf im §. 28 erzählt Sedulius die Geschichte von den Raben, welche der Leiche Luthers gefolgt waren. Er — im Verein mit Petreus, Florentin und Raimund ɾc. — erklärt den Vorgang auf mystische (!!) Weise." Sedulius giebt aber gar keine Erklärung ab, dann bedeutet wohl „mystisch," so viel als „Beziehung auf den Teufel." Damit diese schöne Quelle nicht „übertüncht" werde, bringe ich sie im Anhang zum Abdruck. In der zweiten Auflage erwähnt Majunke S. 15 aus einer andern Quelle und zwar an einer ganz anderen Stelle, unter den Gerüchten die Geschichte von den Besessenen. Daß seine Hauptquelle, Sedulius, diesen Bericht als glaublich ansieht und noch viel mehr darüber weiß, erwähnt er nicht.

[2] So schreibt die (ultramontane) Augsburger Postzeitung vom 21. Jan. 1890 Nr. 4 S. 4 in ihrer Recension Majunkes „Jede Beglaubigung fehlt, nicht einmal der Name des Dieners wird genannt. Mit einem solchen Zeugniß ist einfach nichts anzufangen; mit ihm aber steht und fällt die ganze Geschichte. — Der Versuch, auf Grund eines sehr späten, gänzlich unbeglaubigten Zeugnisses die Wahrscheinlichkeit eines Selbstmordes zu construiren, kann die historische Kritik nicht bestehen."

zur Erbauung der ganzen Kirche dienen soll, doch wohl zum Zwecke der Bekanntmachung. Glaubt Herr Majunke da nicht, daß es heiligste Pflicht gewesen wäre, die er sicher nicht verabsäumt haben würde, daß jeder für die Ehre seiner Kirche brennende und von Haß gegen Luther glühende Katholik jenes wichtige Dokument sofort offenbart hätte? Man muß sich dabei erinnern, mit welcher Schärfe gerade im letztem Jahrzehnt des 16. Jahrhunderts der literarische Kampf zwischen Jesuiten und Protestanten, in welchem sich namentlich die Konvertierten hervorthaten, geführt wurde. Im Jahre 1575 erschien z. B. die Schmähschrift des Konvertiten Pistorius, Anatomia Lutheri. Und welchen Effekt würde es gemacht haben, wenn etwa Luthers Landsmann, der 1576 zum Papismus übergetretene Pfarrer von Mansfeld, Sebastian Flasch, die herrliche Geschichte hätte mitteilen können! Aber soweit mir jene wütenden Gegner Luthers bekannt sind, wissen sie alle nichts von jenem Bericht, und auch Bozius verzeichnet offenbar nur ein Gerücht von der angeblichen Aussage eines Dieners, und eben seine Mitteilung wird wohl zur Erfindung jenes von Sedulius mitgeteilten Berichtes geführt haben. Dabei ist man freilich so ungeschickt als möglich verfahren.

Man versetze sich nur einmal in die angebliche Situation. Am Morgen sollen die Diener, und es sind ihrer wenigstens zwei, Luther am Bett hängend vorgefunden haben. In ihrer Bestürzung lassen sie die Leiche, wie sie sie finden, und stürzen fort, um den fürstlichen Zechgenossen die Schreckenskunde zu bringen, aller Wahrscheinlichkeit nach der eine dahin, der andre dorthin. Und da sie nach dem Bericht erst durch viele Versprechungen zur Geheimhaltung sich verstanden, so hätten sie also auch, wie begreiflich, als sie die schreckliche Entdeckung machten, gar nicht daran gedacht, die Sache geheim zu halten. Wie viel Menschen mußten demnach schon um die Sache wissen, ehe die ganze Anzahl der zu Eisleben anwesenden Fürsten davon benachrichtigt und zusammengebracht war, um darüber zu beraten! Im Nu, noch ehe die Diener zurück waren, noch ehe die Fürsten sich besannen, wie die Sache zu vertuschen sei, hätte sie bekannt sein müssen. Und nun wird uns zugemutet zu glauben, daß über einen unter solchen Umständen erfolgten und entdeckten Selbstmord, um den so viele Menschen wissen mußten, über vierzig Jahre kein Sterbenswörtchen verlauten konnte.

Jeder Urteilsfähige wird hiernach dieses seiner eigenen Angabe zufolge ad Christi gloriam et ad totius Reipublicae aedificationem offenbarte angebliche Bekenntnis eines Dieners Luthers für eine der plumpesten Erfindungen erklären, die je gemacht worden sind.[1])

Mit diesen Bemerkungen könnte ich abbrechen, hätte Majunke nicht die Stirn gehabt, in einem Schlußabschnitt, der den Verdacht erwecken muß, daß er jenen Bericht nur ausgegraben, um so viel Schmutz, als nur immer möglich, auf Luther zu werfen, den vermeintlichen Selbstmord des Reformators auch noch aus seiner Stimmung psychologisch begreiflich machen zu wollen. Freilich eine wirkliche Widerlegung der darin enthaltenen Schmähungen vorzunehmen, wäre unnütz; hier ist das beste, sie einfach — und zwar wie schmutzig sie auch sein mögen — mit den Worten des Autors zu constatieren, und an ihnen zu zeigen, wozu man in diesen Kreisen fähig ist, und was man unter objektiver historischer Untersuchung versteht.

Ich darf vielleicht hier wiederholen, was ich in meiner Erlanger Lutherfestrede zur Charakterisierung der letzten Jahre Luthers bemerkte:

„Nach dem ersten Ansturm hat sich die Reformation nur langsam verbreitet. Und nicht selten mußte Luther erfahren, daß man die neugewonnene evangelische Freiheit nur zum Deckmantel der Bosheit benutzte. Darüber hat er wohl zuweilen gemeint und es gewünscht, daß der jüngste Tag hereinbreche. Im Zorn über

---

1) Dabei soll nicht unerwähnt werden, daß nach Majunke ein späterer Häresiologe, Theodorus Petreus, in seinem Catalogus haereticorum Köln 1629 von dem bes. Schriftstück S. 120 berichtet: Quod et ego in iusto quodam bibliothecae nostrae Coloniensis scripto consignatum vidi, und daß Majunke selbst in einer schlesischen Bibliothek „ein altes Scriptum gefunden, wonach Luther die bewußte Procedur „durch behulf eines Handtuchs an sich vorgenommen habe." S. 20. Noch interessanter wäre freilich, wenn er das Handtuch selbst gefunden hätte. — Beachtenswert ist auch eine von Terlinden a. a. O. S. 4 mitgeteilte, die Geschichte sehr schön erweiternde Privatnachricht der Duisburger Volkszeitung, nach der nicht Luthers Diener die schreckliche Entdeckung macht, sondern ein Diener des Grafen von Mansfeld, den dieser ausschickte, weil Luther gar zu lange schlief 2c.

den geringen **sittlichen** Erfolg seiner Predigt in Wittenberg hat er einmal im Jahre 1545 die Stadt verlassen, mit der Absicht, sie nimmer wiederzusehen, aber nicht einen Augenblick hat er an der Wahrheit seiner Predigt gezweifelt, hat er daran gezweifelt, daß das Wort vom Evangelium, das so reichlich gepredigt werde, ohne Frucht bleiben könne. In demselben Jahre hat er kurz vor seinem Tode die schärfste Schrift gegen Rom geschrieben, die Schrift „wider das Pabstthum zu Rom, vom Teufel gestiftet", wie um noch einmal vor seinem Abscheiden seine ganze auf das Schriftwort gegründete innere Gewißheit gegen die äußerliche Garantie römischer Autorität zu bezeugen. Dafür hat er gelebt und gestritten, darauf ist er gestorben."

Majunke weiß das Alles besser. Ohne Scheu erzählt er, daß Luther „**heimlich**" Weib und Kind verlassen habe. Und das ist ihm nicht verwunderlich, denn er kennt Luthers Seelenzustand ganz genau. Zu der „allgemeinen trostlosen Situation" kam die traurige **persönliche** Lage im Hause und in der Familie. „Er, der stolz Papst und Kaiser getrotzt, geriet bald unter die schimpfliche Herrschaft seiner Käthe." Seine Kinder, die ihm Sorge machten, „konnten nur durch Beugung des bestehenden Rechts legitimirt" werden. „Weitaus die Mehrzahl der Fürsten und Adeligen, vor denen er nicht aufhörte, in niedriger Weise zu **kriechen**, **verachtete**[1] ihn, nachdem er seine Schuldigkeit gethan und durch das „„Wort Gottes"" ihren Kirchen- und Klosterraub saniert hatte. Die Juristen ließen sich selbst durch die gräßlichsten Flüche und abscheulichsten Sudeleien, die er gegen sie ausstieß, nicht bewegen, ihn in weltlichen Dingen mitreden zu lassen, und fanden hiebei die Unterstützung der Fürsten. Der demokratische Stadt-Pöbel, der ihn einst gleich den revolutionären Bauern auf den Schild erhob, die enttäuschte unterste Volkshefe, die er durch zwei Jahrzehnte mit Koth gemästet (!!), wurde dieser Nahrung endlich satt und fing seiner und seiner „„Familie"" zu spotten an." — —

„Bugenhagen verrät uns", daß Luther in den letzten Monaten

---

[1] Von Majunke unterstrichen. Dazu wolle man die vielen Briefe von Fürsten an Luther und die Berichte desselben über seinen Tod vergleichen.

seines Lebens oft zu ihm gesagt, er wünsche bald aus diesem Jammer=
thal zu scheiden, „er sei nichts mehr nütze", „man solle nicht beten,
daß er noch länger lebe."

Seine Hoffnungen auf den Sturz des Papstthums hatten ihn
getäuscht, schließlich prophezeite er, „daß er durch seinen Tod den
Papst tödten würde" 1).

Die fortwährenden Enttäuschungen, wird uns erzählt, mußten
den Zweifel, ob er auf dem richtigen Wege sei, lebhafter werden
lassen, „die Erkenntniß, daß er einen Bau zertrümmern wollte,
der fünfzehnhundert Jahre, — also sicherlich nicht ohne Schutz
der göttlichen Vorsehung — auf Erden bestanden hatte 2c., mußte
zuletzt die fürchterlichsten Gewissensqualen 2) in ihm aufwühlen,
die er vergebens durch „„Fressen und Saufen"", vergebens an
den „„Zöpfen"" seiner „„Bora"", — dieser Zöpfe gedachte er
in jüngeren Jahren besonders gern — vergebens im Kreise
seiner Kinder, die alle nur schreckende Zeugen seines tiefen Falles
waren, zu ersticken suchte." „Bei einem solchen physischen Zustande
war eine ungeheuere moralische Kraft erforderlich, um sich aus dem
tiefen Sumpfe wieder herauszuretten." Aber diese hatte er nicht mehr
„und zwar infolge — wenn wir von mystischen Ursachen 3) absehen
wollen — seiner unchristlichen und unsinnigen Theorie von der
Rechtfertigung durch den Glauben." Zuletzt „hielt er den Teufel für
mächtiger als den allmächtigen Gott", und er hat selbst einmal geäußert,
daß ihm der Teufel manche Nacht bitter und sauer gemacht,

---

1) Unter Berufung auf den bekannten Vers Pestis eram vivens,
moriens ero mors tua Papa. Nach Majunke hätte sich also Luther ge=
dacht, daß sein Selbstmord das Papsttum stürzen werde!

2) Wer sich von diesen angeblichen Gewissensqualen überzeugen will,
dem ist zu raten, die Herrn Majunke wahrscheinlich unbekannte letzte kräf=
tige Schrift Luthers gegen das Papsttum vom Jahre 1545: „Wider das
Papstthum zu Rom vom Teufel gestiftet" (Erl. Ausg. 26) zu
lesen, die er mit den Worten schließt: „Aber hie muß ichs lassen, wills Gott,
im andern Büchlin will ichs bessern. Sterbe ich indeß, so gebe Gott, daß
ein Ander tausendmal ärger mache, denn die teuflische Päpsterei ist
das letzte Unglück auf Erden, und das Kühnste, so alle Teufel
thun können mit aller ihrer Macht."

3) Zu diesem Ausdruck, womit wahrscheinlich hier Besessenheit gemeint
ist, vgl. oben S. 33 Anm. 1.

daß er erfahren habe, „wie es zugehe, daß man zu Morgens die Leute im Bette todt fand, wie er mirs gar oft fast nahe gebracht"¹). — Man beachte, wie Majunke die Selbstmord= gedanken werden läßt! — Kein Wunder, „daß seine Gönner befürchteten, er könne einmal sich ein Leid zufügen, und daß sie deshalb in den letzten drei Jahren seines Lebens einen besonderen Bedienten bei ihm anstellten, „der bißfalls auf ihn Huth haben sollen"²).

„In solcher Gemütsverfassung³) kam nun Luther 1546 nach Eis=

---

1) Daß Luther oft und vielmals über Anfechtungen des Teufels ge= klagt und wohl auch des Glaubens sein konnte, daß der Teufel jemanden plötzlich töten könne — denn das ist doch wohl an jener Stelle gemeint —, ist bekannt. Wo und wann Luther jenen Ausspruch gethan, ist nicht zu ersehen, denn an der von Majunke citierten Stelle (Witt. Ausg. Tom. VII fol. 479) findet er sich nicht.

2) Daß dies **einfach erlogen** ist, ergibt schon Majunkes Quelle Conrad (Vetter), der wunderthätige Luther 1716, S. 74. Der Autor dieser Schrift muß der 1622 verstorbene Ingolstädter Jesuit Conrad Vetter sein, der, um mit seinen Schmähungen Luthers Glauben zu finden, bis zu der Lüge fortschritt, sich im Titel mehrerer Schriften, als den **Bruder des** bekannten **Lutheraners Jacob Andreae, M. Conradum Andreae, Jacobi Andreae seligen Gedächtnis leiblichen Bruder** (!!) auszugeben. Vgl. Zedler s. v. Janssen deutsche Gesch. V, 400 ff. Die betreffende Schrift ist leider weder hier noch in München, Breslau, Berlin, Würzburg, Freiburg, Münster, Kiel, Mainz, Bonn, Augsburg, Heidelberg, Tübingen, Dresden, Leipzig, Halle, Stuttgart, Wien, noch in einem bibliographischen Verzeichnis (!) aufzufinden und wird, obwohl sie nach Majunke (2. Aufl.) zuerst 1606 erschienen sein soll, in Conrad Andreäs 1607 ausgegebenen Schrift „Zweihundert Luther", in der er seine Schriften gegen Luther aufzählt, **nicht erwähnt**.

3) In der dritten Auflage fügt Majunke vor diesen Worten ein: „Als einst bei Tisch der Pfarrer von Guben erzählte, er sei oft, wenn er ein Messer in die Hand genommen, vom Teufel versucht worden, sich zu er= stechen, oder wenn er Zwirnsfäden gesehen, diese zu einem Stricke zu= sammenzudrehen, um sich damit zu erhängen —, erwiederte der „„Reforma= tor"": „das ist mir auch oft begegnet, daß, wenn ich ein Messer habe in die Hand genommen, so sind mir dergleichen böse Gedanken eingefallen." Die betreffende Stelle, bei deren Wiedergabe Majunke sehr Wesentliches ausge= lassen hat, lautet bei Aurifaber und bei Förstemann, Tischreden III, 85: „Darauf," nämlich auf die Aufforderung Luthers an einen Schwermütigen, sich nicht aufs Streiten und Disputieren mit dem Teufel zu verlegen, denn er sei ein

leben, in die Stadt, in welcher er geboren und in der er das heilige Sakrament der Taufe empfangen hatte. Daß hier sein ganzer stürmischer Lebenslauf peinigend an seinem im ermatteten Körper bereits schwach gewordenen Geiste vorüberzog, daß die Gewissensbisse, die er in den letzten Jahren erlitten, hier doppelt folternd für ihn werden mußten, lag in der Natur der Verhältnisse."

Ob wohl Majunke, der ja die Quellen kennt, Luthers Briefe, die er von Eisleben an seine Frau geschrieben, gelesen hat? In welcher Gemütsverfassung „sein schwach gewordener Geist", dem es, wie Ma= junke behauptet „so völlig an Gottvertrauen fehlte" (S. 36), in Eisleben ankam, könnte er z. B. aus dem Briefe vom 7. Februar ersehen,

Tausendkünstler, der die Leute wunderbarer Weise plage – „darauf sagte M. Leonhard, Pfarrherr von Guben, da er gefangen gewesen, hätte ihn der Teufel übel geplaget und hätte dem Teufel sein Herz gelachet, wenn er hätte ein Messer in die Hand genommen, denn er hätte oft zu ihm ge= saget: Ei, erstich dich! Darum hätte er oft müssen das Messer von sich werfen. Item wenn er einen Zwirnsfaden an der Erden liegen gesehen, so hätte er ihn aufgehoben und soviel gesammelt, daß er hätte mögen einen Strick daraus machen, daran er sich hänge. Ja er hätte ihn dahin getrie= ben, daß er auch das Vaterunser nicht hätte beten, noch die Psalmen lesen können, die ihm doch sonst gar wohl bekannt gewesen. Darauf antwortet Doctor Luther: das ist mir auch oft begegnet, daß wenn ich ein Messer hab in die Hand genommen, so sind mir dergleichen böse Gedanken einge= fallen, und daß ich oft nicht habe beten können und mich der Teufel darüber aus der Kammer gejaget", und nachdem er weiter von den Anfechtungen des Teufels gesprochen, fährt er fort: „Aber was schadets uns, daß er uns gleich plaget und martert? Der Herr Christus spricht: „Meine Kraft soll in eurer Schwachheit stark sein." — Obwohl ich die von Majunke citierte Stelle in den Quellen der Tischreden nicht habe auffinden kön= nen, halte ich es doch für möglich, daß Luther sich einmal so ausgesprochen. Und wie viele fromme Christen haben einmal ähnliche Anfechtungen gehabt! Worum es sich aber hier handelt, ist, wann Luther dies gesagt hat. Majunke ver= schweigt, daß in seiner Quelle das Jahr 1541 steht, er verschweigt auch den Namen des Pfarrers, durch den wir die Zeit der Tischrede feststellen können. Es ist Mag. Leonhard Beyer. Da nun feststeht, daß derselbe bis Anfang 1532 Pfarrer in Guben, dann aber in Zwickau war, (De Wette IV, 356), so kann die Aeußerung nicht später als 1532 ge= fallen sein. Dagegen schreibt Majunke: „In solcher Gemütsverfassung kam nun Luther 1546 nach Eisleben."

in dem Luther seine Frau wegen ihrer übergroßen Sorge um seine Person schilt:

„Meiner lieben Hausfrauen Katherin Lutherin, Selbstmärtyrin zu Wittenberg, meiner gnädigen Frauen zu Henden und zu Füßen, Gnad und Fried im Herrn. Liese, du liebe Kethe den Johannem und den kleinen Catechismum, davon du zu dem Mal sagetest, Es ist doch alles in dem Buch von mir gesagt. Denn du willst sorgen für deinen Gott, gerade als wäre er nicht allmächtig, der da könnte zehen Doctor Martinus schaffen, wo der einige alte ersoffe in der Saal oder im Ofenloch oder auf Wolfes Vogelheerd[1]). Laß mich in Frieden mit deiner Sorg, ich habe einen besseren Sorger, denn du und alle Engel sind. Der liegt in der Krippen und hänget an einer Jungfrau Bitzen; aber sitzet gleichwohl zur rechten Hand Gottes des allmächtigen Vaters. Darumb sei in Frieden Amen." Und drei Tage später am 10. Februar schreibt er wiederum der allzu besorgten Gattin:

„Ich sorge, wo du nicht aufhörest zu sorgen, es möchte uns zuletzt die Erde verschlingen, und alle Elemente verfolgen. Lehrest du also den Katechismum und den Glauben? Bete du, und laß Gott sorgen, es heißt: Wirf dein Anliegen auf den Herrn, der sorget für dich. Pf. 55."

Am 14. kündigt er seine baldige Heimkehr an, „ob Gott will, Gott hat große Gnade hier erzeigt." Der Vergleich unter den Mansfeldischen Grafen, um dessentwillen er nach Eisleben gekommen, sei beinahe fertig. „Also muß man greifen, daß Gott ist exauditor precum."

Am 16. Februar kam dann wirklich zu Luthers größter Freude der Vergleich zu Stande, dessen Protokoll u. a. in Luthers Briefen gedruckt ist.

Das Alles existiert für Majunke nicht. Schlechtweg wird das Gegenteil behauptet. „Zum Unglück" schreibt er, „schlug auch noch das Einigungswerk fehl." „Diesen Moment schien der Feind des Menschengeschlechts für geeignet gehalten zu haben, um Luther zur Verzweiflung zu bringen."

Mit dieser angeblichen Verzweiflung vergleiche man, was Luther

---

1) De Wette V, 787. Wolfs Vogelheerd, Anspielung auf den Vogelheerd, den sein Diener Wolf eingerichtet hatte.

am 15 (!) Febr. einem Hohensteinschen Rentmeister in eine Hauspostille schrieb: Joh. 8, 51: „Wer mein Wort hält, der wird den Tod nicht sehen ewiglich." „Wie unglaublich ist doch das geredet; — dennoch ist es die Wahrheit: wenn ein Mensch mit Ernst Gottes Wort im Herzen betrachtet, ihm glaubt und darüber einschläft und stirbet, so stirbt und fährt er dahin, ehe er sich des Todes versieht und ist gewiß selig im Wort, das er also geglaubet, von hinnen gefahren[1]."

Aber Majunke fährt fort: „Er (der Teufel) erschien ihm über dem Röhrbrunnen, sperrte den Mund gegen ihn auf und spottete seiner, daß ihm, so wie ihm seine Hauptaktion im Leben mißlungen, auch noch dieses sein letztes Werk in seiner Vaterstadt mißraten sei. Luther sprach zwar zu Coelius noch die Hoffnung aus, daß „„Gott noch stärker sein würde als der Satan"", aber er sagte das bereits mit „„Thränen"", bis er zuletzt geradezu in die Blasphemie ausbrach, man solle für Gott zum Teufel beten"[2].

„Da es ihm so völlig an Gottvertrauen fehlte, hatte der Feind leichtes Spiel, und es ist somit auch aus inneren Gründen wahrscheinlich, daß der Mann, der einst „„den Papst an den Schlüsseln erhenken"" wollte, so geendigt hat, wie es von seinem Famulus erzählt wurde, und wie es als glaubhaft von hervorragenden Theologen und Historikern dreier Länder der Nachwelt überliefert worden ist."

Das sind Majunkes innere Gründe, die Luthers Selbstmord wahrscheinlich machen sollen, eine Darlegung,

---

[1] Köstlin, Martin Luther II, 631.

[2] Glücklicherweise läßt uns Majunke an einer andern Stelle S. 34 erkennen, wie er zu dieser blasphemischen Behauptung kommt. Nachdem der erste Anfall am 17. abends vorüber war, sagte Luther beim Zubettgehen zu den Freunden, indem er in seiner kindlichfrommen Gebetsweise Gott und seine Sache identificiert: „Betet für unsern Herrn Gott und sein Evangelium, daß es ihm wohl gehe; denn das Concilium zu Trient und der leidige Papst zürnen hart mit ihm." Das ist natürlich nur für römische Bosheit mißverständlich, und daraufhin schreibt Majunke kühn: Luther betet zum Teufel, und Röhm deutet bereits an, daß der (verstorbene) Generalsuperintendent Jaspis und Oberhofprediger D. Kögel zu Berlin es ähnlich machen. (Röhm, zur Charakteristik ꝛc. S. 8.)

die wohl Niemand, der noch einigen Sinn für Wahrheit und Anstand besitzt, wird lesen können, ohne sich mit Abscheu von einem solchen Pamphlet wegzuwenden. —

Unser evangelischer Glaube beruht, was die Gegner doch endlich wissen sollten, auf dem Leben und Sterben Christi, nicht Luthers, aber wir werden uns auch Luthers Tod nicht beschimpfen lassen und wir freuen uns, aus den oben angegebenen wirklichen Quellen, den Aussagen so vieler Augenzeugen zu wissen, wie Luther gestorben ist.

Er hatte gelernt, wo man in Todesnot Trost suchen muß. Dreimal wiederholte er in lateinischer Sprache seinen Lieblingsspruch Joh. 3, 16: Also hat Gott die Welt geliebt ꝛc., ferner Ps. 68, 21: Wir haben einen Gott, der da hilft, und den Herrn Herrn, der vom Tode errettet. Dreimal rief er aus: Vater ich befehle meinen Geist in deine Hände, denn du hast mich erlöset, du treuer Gott, und nachdem er auf des Jonas Frage sich noch einmal mit einem vernehmbaren Ja zu seiner Lehre bekannt, ist er vor den Augen seiner beiden jüngeren Söhne und einer nicht kleinen Anzahl trauernder Freunde und Gönner eingeschlafen. —

So ist Luther gestorben, das ergeben die unmittelbaren Berichte der namhaft gemachten wirklichen Zeugen von Luthers Tod, deren Glaubwürdigkeit keine spätere römische Erfindung zu erschüttern vermocht hat.

Das will freilich den Römern nicht passen, denn ein von einem Papst verurteilter Ketzer muß ja elendiglich sterben, wenn nicht äußerlich, dann innerlich unselig, wie er nur gelebt haben kann. Und wenn es die Geschichte nicht berichtet, dann muß ihr nachgeholfen werden.

Und mit solchen Leistungen und anderen in Aussicht gestellten „Repressalien" glaubt M. uns schrecken zu können. Er kann sich beruhigen. Mag der römische Haß und die römische Lüge aus Luther machen was sie will, wir werden die historische Wahrheit und unseren evangelischen Glauben verteidigen gegen jedermann. Und wenn Herr Majunke sich beschwert, daß z. B. Köstlin seine Selbstmordquellen nicht beachtet hat, so kann er dessen gewiß sein, daß wie bisher auch fernerhin kein wirklicher Historiker sich um diese oder ähnliche Lügen kümmern wird. Ich wenigstens hoffe, meine Lutherbiographie mit Gottes Hilfe nur auf Grund von wirklichen Quellen zu Ende zu führen, ohne mich danach umzusehen, was die Leidenschaft und eine gehässige Polemik zu Tage gefördert hat, denn meine Auffassung von der Geschichte ist eine höhere, und ich halte es in diesem Punkte sogar — mit dem Papste, wenn er, was durch die vorliegende „historische" Untersuchung Majunkes so treffend illustriert wird, in dem mehrerwähnten Breve erklärt: „Kaum glaublich ist, in wie hohem Grade es sich verderblich erweist, wenn die Geschichte zu einer Dienerin der Parteibestrebungen und verschiedenen menschlichen Leidenschaften wird. Dann ist sie nicht mehr eine Lehrerin des Lebens und ein Buch der Wahrheit, was sie nach den Altvordern mit Recht sein soll, sondern sie wird zur Complicin der Verbrechen und zur Courtisane der Corruption".

Beilage.

Ein von P. Majunke noch nicht benutzter „authentischer" Bericht über Luthers Begräbnis, wonach auf Befehl des obersten der Teufel sämtliche böse Geister der Welt in Eisleben erschienen, um ihrem wackeren Mitarbeiter Luther das Leichengeleite in Gestalt von krächzenden Raben zu geben.

Aus Sedulius. adv. Haereses p. 211 (vgl. oben S. 31)
Committere non possum quin adscribam, quae Luthero sub mortem, atque a morte damnatae eius animae contigisse scribit Tilmannus Bredebachius (Lib. 7. Coll. sacr. cap. 39) *his verbis:* Narrauit mihi Ven. dominus N. aetate, doctrina, & vitae sanctimonia commendatissimus, atque etiamnum superstes, eo ipso die, quo nouus Euangelista Martinus Lutherus defunctus est, vniuersos daemoniacos, qui id temporis ad Gheelam Brabantiae spe liberationis, quam apud corpus S. Dymnae diuino beneficio plurimi istic jam inde a multis retro annis consequi solent, aduecti erant, a teterrimis illis & horrendis daemonibus hospitibus suis liberatos: postridie vero ab eisdem rursus obsessos & discruciatos fuisse. Daemones vero cum interrogarentur, vbi pridie delituissent, respondisse, Principem ipsorum & Archidaemonem praecepisse, vt vniuersi spiritus maligni ad sui prophetae, & fidelis cooperarij D. Martini Lutheri exequias confluerent: congruere enim, vt qui quamplurimos ad inferos seduxisset, quamplurimis ad eosdem solemniter deduceretur. Hanc historiam cum in praesentia quorundam honoratorum virorum referrem, quidam magni Principis Consiliarius subiunxit, se fuisse Islebij in aedibus paternis Lu-

theri, in quibus & defunctus est; ibidemque paullo ante mortem Lutheri quendam Luthero a multis annis seruientem, forte e fenestra cubiculi, in quo id temporis erat Lutherus, fontem riuulos suos grato murmure emanantem voluisse conspicere: in cuius margine mox ille viderit plurimos teterrimos cacodaemones huc illuc saltitantes. Quo visu cum ille vehementer percelleretur, animoque & vultu totus mutaretur, rogasse Lutherum palloris istius & subitae mutationis causam. Quam cum ille celaret, tandem resumpto spiritu rursus paululum e fenestra prospexerit, ac denuo daemones terribilibus teterrimarum bestiarum formis aspiciens, maiori horrore ac trepidatione concussus sit. Cumque rursus Lutherus instaret, vt quid vidisset ediceret; tandem illum rem visam Luthero aperuisse. Qui cum paullo post defungeretur, & cadauer Islebio Wittembergam veheretur, toto illo itinere innumerabilem coruorum horrendum in modum crocitantium multitudinem funus supervolasse, ac Wittenbergam vsque comitatum suum praestitisse. Atque hi procul dubio fuerunt isti (aiebat idem ille Consiliarius) qui mandato Principis & Archidaemonis sui vasa, quae prius occuparant, dimittentes, ad exequias Martini Lutheri confluxerunt: ne quisquam istorum tantis deesse videretur solemniis.